Herausgeber: Andreas Blank, Hans Hahn, Helge Meyer

Autoren: Andreas Blank, Heinz Hagel, Hans Hahn, Helge Meyer

Ausbildung im Einzelhandel Band 3

Materialienband

1. Auflage

Bestellnummer 31025

Bildungsverlag EINS

Vorwort

Der vorliegende Materialienband enthält die Lösungen zu allen Aufgaben des Lehrbuchs „Ausbildung im Einzelhandel Band 3". Zudem beinhaltet der Band folgende zusätzlichen Informationen für die Hand des Lehrers:

- zu jedem Lernfeld eine oder mehrere Lernsituationen (Unterrichtsskizzen)
- aktuelle Schaubilder aus der Wirtschaft als Kopiervorlagen
- Zusatzmaterialien, z.B. Musterbriefe

Die Verfasser

www.bildungsverlag1.de

Gehlen, Kieser und Stam sind unter dem Dach des Bildungsverlages EINS zusammengeführt.

Bildungsverlag EINS
Sieglarer Straße 2, 53842 Troisdorf

ISBN 3-427-**31025**-6

Inhaltsverzeichnis

Vorwort ... 2

Lernfeld 11 Geschäftsprozesse erfolgsorientiert steuern ... 5

1 **Warengeschäfte kalkulieren, buchen und Warenkonten abschließen** ... 5
1.1 Wareneinsatz, Warenrohgewinn, Warenumsatz ... 5
1.2 Warenbestände und Warenbestandsveränderungen ... 7
1.3 Umsatzsteuer ... 12
1.4 Bearbeiten von Belegen ... 20

2 **Wirtschaftlichkeit, Produktivität und Rentabilität: Die Kennziffern aus betrieblichen Prozessen zur Beurteilung des unternehmerischen Erfolges nutzen** ... 23

3 **Anlagen anschaffen und Abschreibungen auf Anlagen buchen** ... 27

4 **Kosten und Leistungen berechnen** ... 33
4.1 Externes und internes Rechnungswesen ... 33
4.2 Gliederung der Kostenarten ... 36
4.3 Verteilung der Kostenarten auf Kostenstellen mithilfe des Verteilungsrechnens ... 38
4.4 Deckungsbeitragsrechnung ... 45
Lernsituation zu LF 11: Geschäftsprozesse erfolgsorientiert steuern ... 54

Lernfeld 12 Mit Marketingkonzepten Kunden gewinnen und binden ... 57

1 **Marketing als zentrale Aufgabe im Einzelhandel** ... 57

2 **Das Internet im Verkauf nutzen (E-Commerce)** ... 57

3 **Informationen im Marketing nutzen** ... 58

4 **Marktforschung als Basis des Marketings** ... 59

5 **Marktsituationen und -entwicklungen im Einzelhanel** ... 63

6 **Kunden – die wichtigsten Personen im Einzelhandel** ... 63

7 **Kunden gewinnen und binden** ... 65
Lernsituation zu LF 12: Wir entwickeln einen Erfassungsbogen zur Beobachtung des Kundenverhaltens in unserem Ausbildungsbetrieb ... 72

Lernfeld 13 Personaleinsatz planen und Mitarbeiter führen ... 75

1 **Personalwirtschaftliche Aufgaben im Betrieb** ... 75

2 **Personalbedarfs- und Personaleinsatzplanung** ... 75

3 **Personalbeschaffung** ... 76

4 **Personalführung, -entwicklung, -beurteilung und Umgang mit Konflikten** ... 77

5 **Personaleinstellung** ... 78
5.1 Das Stellenangebot ... 78
5.2 Die Bewerbung ... 78
5.3 Eignungsfeststellung und Vorstellungsgespräch ... 79
5.4 Der Arbeitsvertrag ... 80

6 **Personalbetreuung** ... 80
6.1 Verfahren zur Humanisierung der Arbeit ... 80
6.2 Möglichkeiten der Weiterqualifizierung ... 81
6.3 Lohn- und Gehaltsabrechnung ... 81
6.3.1 Lohnformen und Lohnnebenkosten ... 81
6.3.2 Vom Grund- zum Bruttplohn oder -gehalt, vom Brutto- zum Nettolohn oder -gehalt ... 83

7 **Beendigung des Arbeitsverhältnisses** ... 87

8 **Personalcontrolling** ... 87
Lernsituation zu LF 13: Peter Pade will kündigen und Thomas Becker schreibt ein Zeugnis ... 92
Lernsituation zu LF 13: Mobbing in der Center Warenhaus GmbH ... 94
Lernsituation zu LF 13: Gehaltsabrechnung mithilfe der Gesamtabzugstabelle – eine Gehaltsliste wird erstellt ... 95

Lernfeld 14 Ein Einzelhandelsunternehmen leiten und entwickeln 99

1 **Von der Geschäftsidee zur Gründung eines Einzelhandelsunternehmens** 99

2 **Handelsrechtliche Rahmenbedingungen** 99
2.1 Handelsgewerbe und Firma 99
2.2 Handelsregister 100

3 **Typische Unternehmensformen im Einzelhandel** 100
3.1 Die kaufmännische Einzelunternehmung (e. K.) 100
3.2 Die Kommanditgesellschaft (KG) als Personengesellschaft 101
3.3 Die Gesellschaft mit beschränkter Haftung (GmbH) als Kapitalgesellschaft 101

4 **Kooperation und Konzentration im Einzelhandel** 102

5 **Finanzierung** 103
5.1 Möglichkeiten der Finanzierung 103
5.2 Arten der Finanzierung 104
5.3 Kreditsicherung 106

6 **Überwachung des Zahlungseinganges** 107

7 **Unternehmenskrisen** 114
7.1 Außergerichtliche Maßnahmen im Rahmen der Insolvenz eines Unternehmens 114
7.2 Gerichtliche Maßnahmen im Rahmen der Insolvenz eines Unternehmens 115
Lernsituation zu LF 14: Edith Maurer prüft die Beschränkung ihrer Haftung 119

Lernfeld 11: Geschäftsprozesse erfolgsorientiert steuern

1 Warengeschäfte kalkulieren, buchen und Warenkonten abschließen

1.1 Wareneinsatz, Warenrohgewinn, Warenumsatz

Lehrbuch Seite 23

Handlungssituation

- Bei gleicher Qualität ist der Preis das wichtigste Entscheidungskriterium für den Käufer. Dennoch können Präferenzen durch Sortimentsgestaltung, Konditionenpolitik und Kundenservice geschaffen werden.
  Bei unterschiedlicher Qualität achtet der Kunde auf das Preis-Leistungs-Verhältnis, wobei nicht nur allein die Qualität in die Leistung einbezogen wird.
  Richtig ist, dass alle Leistungen Kosten verursachen, die in die Preiskalkulation einbezogen werden müssen.
- Der Leistungsprozess besteht in der Beschaffung und Sortimentszusammenstellung, der Lagerung im Verkaufsraum und Reservelager, in der Kundenberatung im Zusammenhang mit dem Verkauf von „Neuen Medien".
- Verkaufspreise liegen grundsätzlich über den Einstandspreisen, weil Handlungskosten und Gewinn einzukalkulieren sind.

Lehrbuch Seiten 29 ff.

1 a)

S	Aufwendungen für Waren		H
(1) Verb.	360000,00	GuV	504000,00
(3) Bank	144000,00		
	504000,00		504000,00

S	Umsatzerlöse für Waren		H
GuV	882000,00	(2) Ford.	504000,00
		(4) Bank	378000,00
	882000,00		882000,00

b)

S	GuV		H
Aufw. für Waren	504000,00	Umsatzerlöse für Waren	882000,00
Personalkosten	175000,00		
Mieten	25000,00		
AVK	52000,00		
Eigenkapital	126000,00		
	882000,00		882000,00

c) Umsatz: 882000 EUR, Wareneinsatz: 504000,00 EUR, Warenrohgewinn: 378000,00 EUR, Handlungskosten: 252000,00 EUR

2 a)

S	Aufwendungen für Waren		H
(1) Verb.	336000,00	GuV	480000,00
(3) Bank	144000,00		
	480000,00		480000,00

S	Umsatzerlöse für Waren		H
GuV	640000,00	(2) Ford.	384000,00
		(4) Bank	256000,00
	640000,00		640000,00

b)

S	GuV		H
Aufw. für Waren	480000,00	Umsatzerlöse für Waren	640000,00
Personalkosten	52000,00		
Mieten	16000,00		
AVK	28000,00		
Eigenkapital	64000,00		
	640000,00		640000,00

c) Umsatz: 640000,00 EUR, Wareneinsatz: 480000,00 EUR, Warenrohgewinn: 160000,00 EUR, Handlungskosten: 96000,00 EUR.

3 a)–e)

1.	Mieten	25000,00	an Bank	25000,00
2.	Aufwendungen für Waren	151200,00	an Verbindlichkeiten a. LL	151200,00
3.	Geschäftsausstattung	940,00	an Bank	940,00
4.	Bank	200000,00	an Darlehensschuld	200000,00
5.	Löhne	252000,00	an Bank	252000,00
6.	Gewerbesteuer	8400,00	an Bank	8400,00
7.	Forderungen a. LL	45.000,00		
	Kasse	500 000,00	an Umsatzerlöse für Waren	545000,00
8.	Gehälter	42000,00	an Bank	42000,00
9.	Aufwendungen für Waren	33600,00	an Verbindlichkeiten a. LL	33600,00
10.	Postgebühren/Telefon	2060,00	an Bank .	2060,00
11.	Aufwendungen für Energie	16800,00	an Bank	16800,00
12.	Forderungen a. LL	94.000,00		
	Kasse	300000,00	an Umsatzerlöse für Waren	394.000,00
13.	Werbung .	140000,00	an Bank	140000,00
14.	14 Aufwendungen für Waren	168940,00	an Bank	168940,00
15.	Bank	5000,00	an Umsatzerlöse für Waren	5000,00
16.	Bank	800000,00	an Kasse	800000,00

S — GuV — H

S		H	
Aufwendungen für Waren	353740,00	Umsatzerlöse für Waren	944000,00
Aufwendungen für Energie	16800,00		
Löhne	252000,00		
Gehälter	42000,00		
Mieten	25000,00		
Postgebühren/Telefon	2060,00		
Werbung	140000,00		
Gewerbesteuer	8400,00		
Eigenkapital	104000,00		
	944000,00		944000,00

S — SBK — H

S		H	
Geschäftsausstattung	355940,00	Eigenkapital	534780,00
Fuhrpark	45000,00	Darlehensschulden	350000,00
Forderungen a. LL	169000,00	Verbindlichkeiten a. LL	219420,00
Bank	523860,00		
Kasse	10400,00		
	1104200,00		1104200,00

f) fa) Rohergebnis: 944000 − 353740 = 590260,00 EUR

fb) ∅ HKZ: $\frac{486260 \cdot 100}{353740} = 137{,}5\,\%$

fc) ∅ GZ: $\frac{104000 \cdot 100}{840000} = 12{,}4\,\%$

4 (1) b), d) (2) f) (3) e), h), i) (4) a), c), g)

5 (1) g), h) (2) d) (3) i) (4) b), f) (5) c), j) (6) a), e)

6 a)

Vermögen am Ende des Geschäftsjahres	7200 TEUR
Schulden am Ende des Geschäftsjahres	3700 TEUR
Eigenkapital am Ende des Geschäftsjahres	3500 TEUR

b)

Eigenkapital am Ende des Geschäftsjahres	3500 TEUR
Gewinn (Erträge – Aufwendungen)	150 TEUR
Eigenkapital am Anfang des Geschäftsjahres	3350 TEUR

7 **Wareneinsatz**

Aufgabe: Was verstehen Sie unter Wareneinsatz?

Lösung: Wareneinsatz ist der Warenumsatz zu Einstandspreisen.
Artikelbezogen berechnet er sich wie folgt:
Wareneinsatz = Absatzmenge · Einstands- oder Bezugspreis

Warenrohgewinn/Rohgewinn

Aufgabe: Was verstehen Sie unter Warenrohgewinn?

Lösung: Warenrohgewinn ist die Differenz zwischen dem Warenumsatz und dem Wareneinsatz, die die Handlungskosten und den Reingewinn enthält. Nach Abzug der Handlungskosten vom Rohgewinn erhält man den Reingewinn.

Reingewinn/Gewinn
Aufgabe: Was verstehen Sie unter Gewinn?
Lösung: Siehe dort; es ist die Differenz zwischen Umsatz und Selbstkosten.

Bezugspreis/Einstandspreis
Aufgabe: Was verstehen Sie unter dem Bezugs- oder Einstandspreis?
Lösung: Dies ist der Preis, den der Kaufmann zahlen muss, um in den Besitz einer Ware zu gelangen. Er setzt sich aus dem Rechnungspreis und den Bezugskosten (Fracht, Verpackung) zusammen. Der Bezugspreis ist Zuschlagsgrundlage für die Handlungskosten.

Handlungskostenzuschlagssatz
Aufgabe: Was verstehen Sie unter dem Handlungskostenzuschlagssatz?
Lösung: Er gibt das prozentuale Verhältnis der Handlungskosten zum Wareneinsatz an:

$$HKZ = \frac{\text{Handlungskosten} \cdot 100}{\text{Wareneinsatz}}$$

Selbstkostenpreis
Aufgabe: Erläutern Sie den Selbstkostenpreis einer Ware.
Lösung: Der Selbstkostenpreis setzt sich aus dem Bezugspreis und ihren Handlungskosten zusammen. Der Selbstkostenpreis ist Zuschlagsgrundlage für den Gewinn.

Gewinnzuschlagssatz
Aufgabe: Was verstehen Sie unter dem Gewinnzuschlagssatz?
Lösung: Der Gewinnzuschlagssatz gibt das prozentuales Verhältnis des Gewinns zu den Selbstkosten an und berechnet sich wie folgt:

$$GZ = \frac{\text{Gewinn} \cdot 100}{\text{Selbstkosten}}$$

Barverkaufspreis
Aufgabe: Was verstehen Sie unter dem Barverkaufspreis einer Ware?
Lösung: Der Barverkaufspreis ist der Preis, den der Kunde bei Barzahlung ohne jeglichen Abzug zahlen muss. Er setzt sich aus dem Bezugspreis, den Handlungskosten und dem Gewinn zusammen.

8 Individuelle Lösungen.

1.2 Warenbestände und Warenbestandsveränderungen

Lehrbuch Seite 31

Handlungssituation

- Nicht alle eingekauften Waren werden in derselben Rechnungsperiode verkauft, so dass der Lagerbestand gegenüber dem Anfang des Geschäftsjahres gestiegen ist. Ein Teil der eingekauften Waren ist noch nicht verkauft und zu Aufwand geworden. Daher müssen Warenbestände und Aufwendungen für Waren entsprechend korrigiert werden.
- **Buchung:**
  Warenbestände an Aufwendungen für Waren

Lehrbuch Seiten 35 ff.

1 a) und b)

S — Warenbestände — H

Aufwendungen für Waren	36000,00		

S — Aufwendungen für Waren — H

Verbindlichkeiten a. LL	360000,00	Warenbestände	36000,00
Bank	144000,00	GuV	468000,00
	504000,00		504000,00

S — Umsatzerlöse für Waren — H

GuV	819000,00	Forderungen a. LL	504000,00
		Bank	315000,00
	819000,00		819000,00

S — GuV — H

Aufwendugnen für Waren	468000,00	Umsatzerlöse für Waren	819000,00
Löhne, Gehälter	175000,00		
Mieten	25000,00		
Aufwendungen für Kommunikation	52000,00		
Eigenkapital	**99000,00**		
	819000,00		882000,00

2 a) und b)

S	Warenbestände		H
Aufwendungen für Waren	48000,00		

S	Aufwendungen für Waren		H
Verbindlichkeiten a. LL	336000,00	Warenbestände	48000,00
Bank	144000,00	GuV	432000,00
	480000,00		480000,00

S	Umsatzerlöse für Waren		H
GuV	576000,00	Forderungen a. LL	320000,00
		Bank	256000,00
	576000,00		576000,00

S	GuV		H
Aufwendungen für Waren	432000,00	Umsatzerlöse für Waren	576000,00
Löhne, Gehälter	52000,00		
Mieten	16000,00		
Aufwendungen für Kommunikation	28000,00		
Eigenkapital	**48000,00**		
	576000,00		576000,00

3

S	Warenbestände		H
Eröffnungsbilanzkonto	1500,00	Aufwendungen für Waren	150,00
		Schlussbilanzkonto	1350,00
	1500,00		1500,00

S	Aufwendungen für Waren		H
(2) Verbindlichkeiten a. LL	450,00	**GuV**	**600,00**
Warenbestände	150,00		
	600,00		600,00

S	Umsatzerlöse für Waren		H
GuV	800,00	(1) Forderungen a. LL	600,00
		(3) Bank	200,00
	800,00		800,00

S	GuV		H
Aufwendungen für Waren	600,00	Umsatzerlöse für Waren	800,00

4 a)–c)

S	Warenbestände		H
Eröffnungsbilanzkonto	43300,00	Schlussbilanzkonto	60000,00
Aufwendungen für Waren	16700,00		
	60000,00		60000,00

S	Aufwendungen für Waren		H
Verbindlichkeiten a. LL	416700,00	Warenbestände	16700,00
		GuV	**400000,00**
	416700,00		416700,00

S	Umsatzerlöse für Waren		H
GuV	600000,00	Kasse	600000,00

S	GuV		H
Aufwendungen für Waren	400000,00	Umsatzerlöse für Waren	600000,00
Aufwendungen	210000,00	**Eigenkapital**	**10000,00**
	610000,00		610000,00

5 a)–c)

S	Warenbestände		H
Eröffnungsbilanzkonto	78 500,00	Aufwendungen für Waren	28 500,00
		Schlussbilanzkonto	50 000,00
	78 500,00		78 500,00

S	Aufwendungen für Waren		H
Verbindlichkeiten a. LL	521 500,00	**GuV**	**550 000,00**
Warenbestände	28 500,00		
	550 000,00		550 000,00

S	Umsatzerlöse für Waren		H
GuV	1 100 000,00	Kasse	1 100 000,00

S	GuV		H
Aufwendungen für Waren	550 000,00	Umsatzerlöse für Waren	1 100 000,00
Aufwendungen	450 000,00		
Eigenkapital	**100 000,00**		
	1 100 000,00		1 100 000,00

6

S	Warenbestände		H
Eröffnungsbilanzkonto	15 000,00	Aufwendungen für Waren	1 600,00
		Schlussbilanzkonto	13 400,00
	15 000,00		15 000,00

S	Aufwendungen für Waren		H
Verbindlichkeiten a. LL	2 000,00	GuV	3 600,00
Warenbestände	1 600,00		
	3 600,00		3 600,00

S	Umsatzerlöse für Waren		H
GuV	4 800,00	Kasse	2 700,00
		Bank	500,00
		Kasse	1 600,00
	4 800,00		4 800,00

S	GuV		H
Aufwendungen für Waren	**3 600,00**	**Umsatzerlöse für Waren**	**4 800,00**
Rohgewinn	**1 200,00**		
	4 800,00		4 800,00

7

S	Warenbestände		H
Eröffnungsbilanzkonto	8 000,00	Aufwendungen für Waren	400,00
		Schlussbilanzkonto	7 600,00
	8 000,00		8 000,00

S	Aufwendungen für Waren		H
Verbindlichkeiten a. LL	1 400,00	GuV	1 800,00
Warenbestände	400,00		
	1 800,00		1 800,00

S	Umsatzerlöse für Waren		H
GuV	2 400,00	Kasse	1 600,00
		Bank	200,00
		Kasse	600,00
	2 400,00		2 400,00

S	GuV		H
Aufwendungen für Waren	**1 800,00**	**Umsatzerlöse für Waren**	**2 400,00**
Rohgewinn	**600,00**		
	2 400,00		2 400,00

8 a) und b) **Buchungssätze**

1. Aufwendungen für Waren	2000,00	an Verbindlichkeiten a. LL	2000,00
2. Kasse	1600,00	an Umsatzerlöse für Waren	1600,00
3. Verbindlichkeiten a. LL	1500,00	an Bank	1500,00
4. Bank	1000,00	an Forderungen a. LL	1000,00
5. Forderungen a. LL	300,00	an Umsatzerlöse für Waren	300,00
6. Bank	500,00	an Umsatzerlöse für Waren	500,00
7. Mieten	150,00	an Kasse	150,00
8. Kasse	4400,00	an Umsatzerlöse für Waren	4400,00
Umbuchung			
Aufwendungen für Waren	3100,00	an Warenbestände	3100,00

S — EBK — H

S			H
Eigenkapital	23700,00	Warenbestände	20000,00
Verbindlichkeiten a. LL	4800,00	Forderungen a. LL	4000,00
		Bank	3000,00
		Kasse	1500,00
	28500,00		28500,00

S — GuV — H

S			H
Aufwendungen für Waren	5100,00	Umsatzerlöse für Waren	6800,00
Mieten	150,00		
Eigenkapital	1550,00		
	6800,00		6800,00

S — SBK — H

S			H
Warenbestäände	16900,00	Eigenkapital	25250,00
Forderungen a. LL	3300,00	Verbindlichkeiten a. LL	5300,00
Bank	3000,00		
Kasse	7350,00		
	30550,00		30550,00

9 a) und b) **Buchungssätze**

1. Aufwendungen für Waren	3000,00	an Verbindlichkeiten a. LL	3000,00
2. Kasse	1500,00	an Umsatzerlöse für Waren	1500,00
3. Verbindlichkeiten a. LL	2000,00	an Bank	2000,00
4. Bank	1200,00	an Forderungen a. LL	1200,00
5. Forderungen a. LL	500,00	an Umsatzerlöse für Waren	500,00
6. Bank	800,00	an Umsatzerlöse für Waren	800,00
7. Mieten	250,00	an Kasse	250,00
8. Kasse	7100,00	an Umsatzerlöse für Waren	7100,00
Umbuchung			
Aufwendungen für Waren	3600,00	an Warenbestände	3600,00

S — EBK — H

S			H
Eigenkapital	29600,00	Warenbestände	25000,00
Verbindlichkeiten a. LL	7000,00	Forderungen a. LL	6000,00
		Bank	4000,00
		Kasse	1600,00
	36600,00		36600,00

S — GuV — H

S			H
Aufwendungen für Waren	6600,00	Umsatzerlöse für Waren	9900,00
Mieten	250,00		
Eigenkapital	3050,00		
	9900,00		9900,00

S — SBK — H

S			H
Warenbestände	21400,00	Eigenkapital	32650,00
Forderungen a. LL	5300,00	Verbindlichkeiten a. LL	8000,00
Bank	4000,00		
Kasse	9950,00		
	40650,00		40650,00

10 a) Der Aufwand für Waren (Wareneinsatz) wurde um 15600,00 EUR zu hoch angesetzt.
b) Der Rohertrag wurde um 15600,00 EUR zu niedrig ausgewiesen.
c) Der Gewinn wurde um 15600,00 EUR zu niedrig ausgewiesen.

11 1. SBK an Warenbestände — 45000,00 EUR
2. GuV an Aufwendungen für Waren — 840000,00 EUR
3. Umsatzerlöse für Waren an GuV — 1720000,00 EUR
4. GuV an Löhne/Gehälter — 432000,00 EUR
5. GuV an Eigenkapital — 136000,00 EUR

12 a)

Aufwendungen für Waren	1200000,00 EUR
+ WBVÄ (Minderung)	50000,00 EUR
Wareneinsatz	1250000,00. EUR

b)

Umsatzerlöse für Waren	1800000,00 EUR
− Aufwendungen für Waren	1250000,00 EUR
Warenrohertrag	550000,00 EUR

13 a)

Wareneinkäufe auf Ziel	747800,00 EUR
+ Wareneinkäufe bar	17400,00 EUR
Aufwendungen für Waren	765200,00 EUR
WBVÄ (Minderung)	5200,00 EUR
Wareneinsatz	760000 00 EUR

b) S GuV H

S		H	
Aufwendungen für Waren	760000,00	Umsatzerlöse für Waren	1377500,00
Gehälter	184700,00		
Aufwendungen für Kommunikation	24200,00		
Versicherungsbeiträge und sonstige Aufwendungen	133100,00		
Eigenkapital	275500,00		
	1377500,00		1377500,00

c)

Umsatzerlöse für Waren	1377500,00 EUR
− Wareneinsatz	760000,00 EUR
Rohertrag	617500,00 EUR

14 a)

Warenumsatz	2826000,00 EUR
− Wareneinsatz	1884000,00 EUR
Rohertrag	942000,00 EUR

b) und c)

− Handlungskosten	753600,00 EUR
Gewinn	188400,00 EUR

15 a)

Umsatzerlöse	1429312,50 EUR
− Wareneinsatz.	990000,00 EUR
Rohertrag	439312,50 EUR

b) $\frac{439312{,}50 \cdot 100}{1429312{,}50} = 30{,}74\,\%$

c)

Rohertrag	439312,50 EUR
− Handlungskosten	371250,00 EUR
Gewinn	68062,50 EUR

d) $\frac{68062{,}50 \cdot 100}{990000 + 371250} = 5\,\%$

16 **Warenbestandsmehrungen**
Aufgabe: Erläutern Sie Warenbestandsmehrungen.
Lösung: Warenbestandsmehrungen werden durch Inventur festgestellt:
Endbestand > Anfangsbestand
Das besagt, dass nicht alle eingekauften Waren eines Geschäftsjahres im selben Geschäftsjahr verkauft wurden. Da alle Einkäufe auf dem Konto Aufwendungen für Waren als Aufwand erfasst wurden, müssen die nicht verkauften Warenbestandsmehrungen umgebucht werden:
Warenbestände an Aufwendungen für Waren

Warenbestandsminderungen
Aufgabe: Was verstehen Sie unter Warenbestandsminderungen?
Lösung: Durch Inventur wird festgestellt, dass der Warenendbestand kleiner ist als der Warenanfangsbestand. Es wurden also mehr Waren verkauft als eingekauft.
Zu den Einkäufen müssen in diesem Fall die Warenbestandsminderungen als Aufwand für Waren erfasst werden.

Buchung:

Aufwendungen für Waren	an Warenbestände

Warenbestände
Aufgabe: Erläutern Sie den Inhalt des Kontos Warenbestände.
Lösung: Das Konto Warenbestände ist ein aktives Bestandskonto, das am Anfang des Jahres den Warenanfangsbestand aus der Bilanz des Vorjahres übernimmt. Am Ende des Geschäftsjahres wird dieser Anfangsbestand dem Inventurbestand des Abrechnungsjahres gegenübergestellt.
Bei Abweichungen (Warenbestandsmehrungen – siehe dort – oder Warenbestandsminderungen – siehe dort –) wird eine Umbuchung ausgelöst.

Warenbestandsveränderungen
Aufgabe: Was sind Warenbestandsveränderungen?
Lösung: Wurde der Warenbestand vom Anfang des Geschäftsjahres verändert, liegen Warenbestandsveränderungen vor. Dabei sind zwei Möglichkeiten denkbar:
1. Der Endbestand ist größer als der Anfangsbestand: Bestandsmehrung.
   Nicht alle Waren, die im Laufe des Geschäftsjahres gekauft wurden, sind verkauft worden; die nicht verkauften Waren befinden sich im Verkaufsraum oder im Reservelager.
2. Der Endbestand ist kleiner als der Anfangsbestand: Bestandsminderung.
   Neben den im Laufe des Geschäftsjahres eingekauften Waren wurden Teile des Lagerbestandes verkauft. Der Lagerbestand wurde abgebaut.

Beide Warenbestandsveränderungen werden durch Inventur und durch Gegenüberstellung von End- und Anfangsbestand festgestellt. Sie rufen eine Korrekturbuchung der Warenbestände und der Aufwendungen für Waren hervor (siehe Warenbestandsmehrung, Warenbestandsminderung).

Umbuchungen
Aufgabe: Was sind Umbuchungen?
Lösung: Mit Umbuchungen werden Konten für den Abschluss vorbereitet (vorbereitende Abschlussbuchungen).
Beispiel: Warenbestandsveränderungen müssen aufgrund der Inventurergebnisse erfasst werden, bevor die Konten Warenbestände und Aufwendungen für Waren abgeschlossen werden können.

Abschlussbuchungen
Aufgabe: Was sind Abschlussbuchungen?
Lösung: Mit Abschlussbuchungen werden die Konten über Gewinn und Verlust (Aufwands- und Ertragskonten) und über Schlussbilanzkonto (Aktive und passive Bestandskonten) abgeschlossen.

17 **Warenistbestände** sind Bestände, die durch die körperliche Inventur zum Ende des Geschäftsjahres festgestellt werden.
Warensollbestände sind die Bestände, die nach Buchführung (Warendatei) vorhanden sein sollen.
Gründe für Abweichungen: falsche Eingaben beim Einkauf, beim Verkauf, Diebstahl, nicht erfasster Schwund oder Verderb, Zählfehler bei der Inventur u. a.

1.3 Umsatzsteuer

Lehrbuch Seite 38

Handlungssituation

- Es handelt sich einmal um eine Eingangsrechnung des Mars Elektrofachmarktes e. K. von der Elektro Bader KG für bezogene Fernsehgeräte und Hi-Fi-Kompaktanlagen. Der Gesamtrechnungsbetrag setzt sich aus dem Warenwert und 16 % Umsatzsteuer zusammen.
  Der zweite Beleg ist eine Ausgangsrechnung des Mars Elektrofachmarktes e. K. an die Privatklinik am Stadtwald GmbH in Köln über die Lieferung von Fernsehgeräten und Hi-Fi-Kompaktanlagen.
  Der Bruttorechnungsbetrag enthält 1 396,55 EUR Umsatzsteuer.
  Der Unterschied in der Rechnungsgestaltung ist damit zu erklären, dass im Einzelhandel nach der Preisangabeverordnung die Preise einschließlich Umsatzsteuer als Ladenverkaufspreise anzugeben sind. Die Preise der Hersteller bzw. der Großhändler sind immer Nettopreise. Sie enthalten also keine Umsatzsteuer.
- Sowohl beim Einkauf als auch beim Verkauf wird Umsatzsteuer in Rechnung gestellt. Steuerpflichtig sind nach Umsatzsteuergesetz jedoch nur die Umsätze, d. h. die Verkäufe. Der Mars Elektrofachmarkt e. K. muss also aufgrund der beiden Belege lediglich 1 396,55 EUR an das Finanzamt abführen (Umsatzsteuerschuld). Da er bereits beim Einkauf von der Elektro Bader KG 899,98 EUR Umsatzsteuer berechnet bekam, die die Elektro Bader KG an das Finanzamt abführen muss, hat er eine Forderung in dieser Höhe gegenüber dem Finanzamt (Vorsteuer), die er von seiner Umsatzsteuerschuld im Rahmen der Umsatzsteuererklärung abziehen kann.

Umsatzsteuer	1 396,55 EUR
– Vorsteuer	899,98 EUR
= Umsatzsteuerzahllast	496,57 EUR

- Die Umsatzsteuer hat keinen Einfluss auf den Gewinn des Mars Elektrofachmarktes e. K. Sie ist ein durchlaufender Posten. Die an Lieferer geleistete Vorsteuer und die Steuer vom Mehrwert, die ans Finanz abzuführen ist, werden offen auf das nachfolgende Glied der Handelskette abgewälzt.
- Buchung:

Aufwendungen für Waren	5.624,90		
Vorsteuer	899,98	an Verbindlichkeiten a. LL	6.524,88
Forderungen a. LL	10125,00	an Umsatzerlöse für Waren	8.728,45
		an Umsatzsteuer	1.396,55

Lehrbuch Seiten 45 ff.

1 a) aa) 16 % von 82 000 = 13 120,00 EUR

ab) $\frac{163\,560 \cdot 16}{116}$ = 22 560,00 EUR

ac) ab)–aa) = 9 440,00 EUR

b)

S	Aufwendungen für Waren		H
Verbindlichkeiten a. LL	82 000,00		

S	Umsatzerlöse für Waren		H
		Kasse	141 000,00

S	Vorsteuer		H
Verbindlichkeiten a. LL	13 120,00	Umsatzsteuer	13 120,00

S	Umsatzsteuer		H
Vorsteuer	13 120,00	Kasse	22 560,00
Zahllast	9 440,00		
	22 560,00		22 560,00

S	Verbindlichkeiten a. LL		H
		Aufwendungen für Waren, Vorsteuer	95 120,00

S	Kasse		H
Uumsatzerlöse für Waren, USt.	163 560,00		

c) USt.-Erklärung Juni:

Umsatz: 141 000 EUR USt. 22 560,00 EUR

Abziehbare Vorsteuer 13 120,00 EUR

Verbleibender Betrag 9 440,00 EUR

2 a)–c) **Buchungssätze**

1. Aufwendungen für Waren	840,00		
Vorsteuer	134,40	an Verbindlichkeiten a. LL	974,40
2. Kasse	783,00	an Umsatzerlöse für Waren	675,00
		an Umsatzsteuer	108,00
3. Aufwendungen für Waren	220,00		
Vorsteuer	35,20	an Kasse	255,20
4. Personalaufwand	420,00	an Bank	420,00
5. Kasse	1118,24	an Umsatzerlöse für Waren	964,00
		an Umsatzsteuer	154,24
6. Verbindlichkeiten a. LL	885,50	an Bank	885,50
Umbuchungen			
Umsatzsteuer	169,60	an Vorsteuer	169,60
Warenbestände	100,00	an Aufwendungen für Waren	100,00

S	EBK		H
Eigenkapital	12 275,00	Warenbestände	10 000,00
Verbindlichkeiten a. LL	1 600,00	Forderungen a. LL	500,00
		Bank	3 000,00
		Kasse	375,00
	13 875,00		13 875,00

S	Aufwendungen für Waren		H
(1) Verbindlichkeiten a. LL	840,00	Warenbestände	100,00
(3) Kasse	220,00	GuV	960,00
	1 060,00		1 060,00

S	Vorsteuer		H
(1) Verbindlichkeiten a. LL	134,40	Umsatzsteuer	169,60
(3) Kasse	35,20		
	169,60		169,60

S	Umsatzerlöse für Waren		H
GuV	1 639,00	(2) Kasse	675,00
		(5) Kasse	964,00
	1 639,00		1 639,00

S	Umsatzsteuer		H
Vorsteuer	169,60	Kasse	108,00
SBK	92,64	Kasse	154,24
	262,24		262,24

S	Eigenkapital		H
SBK	12534,00	EBK	12275,00
		GuV	259,00
	12534,00		12534,00

S	GuV		H
Aufwendungen für Waren	960,00	Umsatzerlöse für Waren	1639,00
Personalaufwendungen	420,00		
Eigenkapital	259,00		
	1639,00		1639,00

S	SBK		H
Warenbestände	10100,00	Eigenkapital	12534,00
Forderungen a. LL	500,00	Verbindlichkeiten a. LL	1688,90
Bank	1694,50	Umsatzsteuer	92,64
Kasse	2021,04		
	14315,54		14315,54

3 a)–c) **Buchungssätze**

1. Aufwendungen für Waren	720,00		
Vorsteuer	115,20	an Verbindlichkeiten a. LL	835,20
2. Kasse	740,08	an Umsatzerlöse für Waren	638,00
		an Umsatzsteuer	102,08
3. Aufwendungen für Waren	180,00		
Vorsteuer	28,80	an Kasse	208,80
4. Personalaufwand	390,00	an Bank	390,00
5. Kasse	980,20	an Umsatzerlöse für Waren	845,00
		an Umsatzsteuer	135,20
6. Verbindlichkeiten a. LL	736,00	an Bank	736,00
Umbuchungen			
Umsatzsteuer	144,00	an Vorsteuer	144,00
Warenbestände	200,00	an Aufwendungen für Waren	200,00

S	EBK		H
Eigenkapital	8495,00	Warenbestände	8000,00
Verbindlichkeiten a. LL	1400,00	Forderungen a. LL	100,00
		Bank	1500,00
		Kasse	295,00
	9895,00		9895,00

S	Aufwendungen für Waren		H
(1) Verbindlichkeiten a. LL	720,00	Warenbestände	200,00
(3) Kasse	180,00	GuV	700,00
	900,00		900,00

S	Vorsteuer		H
(1) Verbindlichkeiten a. LL	115,20	Umsatzsteuer	144,00
(3) Kasse	28,80		
	144,00		144,00

S	Umsatzerlöse für Waren		H
GuV	1483,00	(2) Kasse	638,00
		(5) Kasse	845,00
	1483,00		1483,00

S	Umsatzsteuer		H
Vorsteuer	144,00	Kasse	102,08
SBK	93,28	Kasse	135,20
	237,28		237,28

S	Eigenkapital		H
SBK	8888,00	EBK	8495,00
		GuV	393,00
	8888,00		8888,00

S	GuV		H
Aufwendungen für Waren	700,00	Umsatzerlöse für Waren	1483,00
Personalaufwendungen	390,00		
Eigenkapital	393,00		
	1483,00		1483,00

S	SBK		H
Warenbestände	8200,00	Eigenkapital	8888,00
Forderungen a. LL	100,00	Verbindlichkeiten a. LL	1499,20
Bank	374,00	Umsatzsteuer	93,28
Kasse	1806,48		
	10480,48		10480,48

4 Buchungssätze

1. Aufwendungen für Waren	2.340,00		
Vorsteuer	374,40	an Verbindlichkeiten a. LL	2714,40
2. Personalaufwendungen	340,00		
Mieten	280,00	an Bank	620,00
3. Kasse	1508,00	an Umsatzerlöse für Waren	1.300,00
		an Umsatzsteuer	208,00
4. Umsatzsteuer	210,00	an Bank	210,00
Versicherungen	85,00	an Bank	85,00
Bank	92,00	an Forderungen a. LL	92,00
5. Kasse	1995,20	an Umsatzerlöse für Waren	1.720,00
		an Umsatzsteuer	275,20
6. Forderungen a. LL	78,88	an Umsatzerlöse für Waren	68,00
		an Umsatzsteuer	10,88

Umbuchungen bzw. Abschlussbuchungen

Umsatzsteuer	374,40	an Vorsteuer	374,40
Warenbestände	800,00	an Aufwendungen für Waren	800,00

S	EBK		H
Eigenkapital	35812,00	Geschäftsausstattung	13000,00
Verbindlichkeiten a. LL	5100,00	Warenbestände	24000,00
Umsatzsteuer	210,00	Forderungen a. LL	222,00
		Bank	3000,00
		Kasse	900,00
	41122,00		41122,00

S	Aufwendungen für Waren		H
(1) Verbindlichkeiten a. LL	2340,00	Warenbestände	800,00
		GuV	1540,00
	2340,00		2340,00

S	Vorsteuer		H
(1) Verbindlichkeiten a. LL	374,40	Umsatzsteuer	374,40

S	Umsatzerlöse für Waren		H
GuV	3088,00	(3) Kasse	1300,00
		(5) Kasse	1720,00
		(6) Forderungen a. LL	68,00
	3088,00		3088,00

S	Umsatzsteuer		H
(4) Bank	210,00	EBK	210,00
Vorsteuer	374,40	Kasse	208,00
SBK	119,68	Kasse	275,20
		Forderungen a. LL	10,88
	704,08		704,08

S	Eigenkapital		H
SBK	36655,00	EBK	35812,00
		GuV	843,00
	36655,00		36655,00

S	GuV		H
Aufwendungen für Waren	1540,00	Umsatzerlöse für Waren	3088,00
Personalaufwendungen	340,00		
Mieten	280,00		
Versicherungen	85,00		
Eigenkapital	843,00		
	3088,00		3088,00

S	SBK		H
Geschäftsausstattung	13000,00	Eigenkapital	36655,00
Warenbestände	24800,00	Verbindlichkeiten a. LL	7814,40
Forderungen a. LL	208,88	Umsatzsteuer	119,68
Bank	2177,00		
Kasse	4403,00		
	44589,08		44589,08

5 Buchungssätze

1. Aufwendungen für Waren	1.610,00		
Vorsteuer	257,60	an Verbindlichkeiten a. LL	1 867,60
2. Personalaufwendungen	320,00		
Mieten	270,00	an Bank	590,00
3. Kasse	1392,00	an Umsatzerlöse für Waren	1.200,00
		an Umsatzsteuer	192,00
4. Umsatzsteuer	180,00	an Bank	180,00
Versicherungen	78,00	an Bank	78,00
Bank	80,50	an Forderungen a. LL	80,50
5. Kasse	888,56	an Umsatzerlöse für Waren	766,00
		an Umsatzsteuer	122,56
6. Forderungen a. LL	102,08	an Umsatzerlöse für Waren	88,00
		an Umsatzsteuer	14,08

Umbuchungen bzw. Abschlussbuchungen

Umsatzsteuer	257,60	an Vorsteuer	257,60
Aufwendungen für Waren	700,00	an Warenbestände	700,00

S	EBK		H
Eigenkapital	22245,00	Geschäftsausstattung	7 000,00
Verbindlichkeiten a. LL	3000,00	Warenbestände	15 000,00
Umsatzsteuer	180,00	Forderungen a. LL	555,00
		Bank	2 000,00
		Kasse	870,00
	25425,00		25 425,00

S	Aufwendungen für Waren		H
(1) Verbindlichkeiten a. LL	1610,00	GuV	2 310,00
Warenbestände	700,00		
	2310,00		2310,00

S	Vorsteuer		H
(1) Verbindlichkeiten a. LL	257,60	Umsatzsteuer	257,60

S	Umsatzerlöse für Waren		H
GuV	2054,00	(3) Kasse	1200,00
		(5) Kasse	766,00
		(6) Forderungen a. LL	88,00
	2054,00		2054,00

16%

S	Umsatzsteuer		H
(4) Bank	180,00	EBK	180,00
Vorsteuer	257,60	Kasse	192,00
SBK	71,04	Kasse	122,56
		Forderungen a. LL	14,08
	508,64		508,64

S	Eigenkapital		H
GuV	924,00	EBK	22 245,00
SBK	21321,00		
	22245,00		22245,00

S	GuV		H
Aufwendungen für Waren	2310,00	Umsatzerlöse für Waren	2 054,00
Personalaufwendungen	320,00	Eigenkapital	924,00
Mieten	270,00		
Versicherungen	78,00		
	2978,00		2978,00

S	SBK		H
Geschäftsausstattung	7000,00	Eigenkapital	21 321,00
Warenbestände	14300,00	Verbindlichkeiten a. LL	4 867,60
Forderungen a. LL	576,58	Umsatzsteuer	71,04
Bank	1232,50		
Kasse	3150,56		
	26259,64		26259,64

6 Buchungssätze

1. Aufwendungen für Waren	65.000,00		
Vorsteuer	10400,00	an Verbindlichkeiten a. LL	75400,00
2. Kasse	164720,00	an Umsatzerlöse für Waren	142.000,00
		an Umsatzsteuer	22720,00
3. Büromaterial	240,00		
Vorsteuer	38,40	an Verbindlichkeiten a.11	278,40
4. BuG	1.400,00		
Vorsteuer	224,00	an Verbindlichkeiten a. LL	1624,00
5. Forderungen a. LL	3944,00	an Umsatzerlöse für Waren	3.400,00
		an Umsatzsteuer	544,00

a) Umsatzsteuerschuld 22720 + 544 = 23264,00 EUR
b) Vorsteuer 10400 + 38,40 + 224 = 10662,40 EUR
c) Zahllast a)–b) = 12601,60 EUR

7 8

Aufgabe 7

S	Aufwendungen für Waren		H
Nov.	26500,00		
Dez.	31200,00		

S	Umsatzerlöse für Waren		H
		Nov.	45200,00
		Dez.	60400,00

S	Vorsteuer		H
Nov.	4240,00	USt. Nov.	4240,00
Dez.	4992,00	USt. Dez.	4992,00

S	Umsatzsteuer		H
VSt. Nov.	4240,00	Ums. Nov.	7232,00
Übw Dez.	2992,00	Ums. Dez.	9664,00
VSt. Nov.	4992,00		
SBK Dez.	4672,00		
	16896,00		16896,00

Aufgabe 8

S	Aufwendungen für Waren		H
Nov.	44800,00		
Dez.	47900,00		

S	Umsatzerlöse für Waren		H
		Nov.	58600,00
		Dez.	81800,00

S	Vorsteuer		H
Nov.	7168,00	USt. Nov.	7168,00
USt. Dez.	7664,00	USt. Dez.	7664,00

S	Umsatzsteuer		H
VSt. Nov.	7168,00	Ums. Nov.	9376,00
Übw Dez.	2208,00	Ums. Dez.	13088,00
VSt. Nov.	7664,00		
SBK Dez.	5424,00		
	22464,00		22464,00

9 a)

	Umsatzsteuer	28800,00 EUR
–	Vorsteuer	14000,00 EUR
	Zahllast	14800,00 EUR

b) **USt.-Erklärung Juni:**

Umsatz: 180000 EUR	USt.	28800,00 EUR
Abziehbare Vorsteuer		14000,00 EUR
Verbleibender Betrag		14800,00 EUR

10 a) Umsatzsteuer: $\frac{443120 \cdot 16}{116} = 61120{,}00$ EUR

Vorsteuer: $\frac{276000 \cdot 16}{100} = 44160{,}00$ EUR

USt.-Zahllast: $61120 - 44160 = 16960{,}00$ EUR

b) Umsatz: 443120,00 EUR

Umsatzsteuer	= 61120,00 EUR
Abziehbare Vorsteuer	= 44160,00 EUR
Verbleibender Betrag	= 16960,00 EUR

11

	Aufwendungen für Waren	460000,00 EUR
–	Warenbestandsmehrung	80000,00 EUR
	Wareneinsatz	**380000,00 EUR**
	Nettoumsatz	634000,00 EUR
–	Wareneinsatz	380000,00 EUR
	Rohertrag	254000,00 EUR
–	Handlungskosten	160000,00 EUR
	Gewinn	**94000,00 EUR**
	Umsatzsteuerschuld	101440,00 EUR
–	Vorsteuer	73600,00 EUR
	USt.-Zahllast	**27840,00 EUR**

12 a)

	Aufwendungen für Waren	950000,00 EUR
–	Bestandsmehrung	10000,00 EUR
	Wareneinsatz	940000,00 EUR

b) $\frac{1566000 \cdot 100}{116} = 1350000{,}00$ EUR Umsatz, netto

Umsatz, netto	1.350.000,00 EUR
Wareneinsatz	940000,00 EUR
Rohertrag	410000,00 EUR
Handlungskosten	185.000;00 EUR
Monatserfolg	225000,00 EUR

c) Umsatzsteuer: $\frac{1566000 \cdot 16}{116} = 216000{,}00$ EUR

Vorsteuer: $\frac{950000 \cdot 16}{100} = 152000{,}00$ EUR

USt.-Zahllast: $216000 - 152000 = 64000{,}00$ EUR

13 a) aa) USt.-Schuld: $\frac{443120 \cdot 16}{116} = 61120{,}00$ EUR

227 290,19 / 119

ab) Vorsteuer: $\frac{512600 \cdot 16}{100} = 82016{,}00$ EUR

ac) Vorsteuerüberhang: $82016 - 61120 = 20896{,}00$ EUR

b) Umsatzsteuererklärung:

Umsatz, netto: 382.000	Umsatzsteuer	61120,00 EUR
Abziehbare Vorsteuer		82016,00 EUR
Verbleibender Betrag		20896,00 EUR

c)

Umsatzsteuer	61.120,00	an Vorsteuer	61.120,00
Bank	20896,00	an Vorsteuer	20896,00

14 a) 1, 3, 4, 7 b) 2,5 c) 6

15 a)–d)

Bruttorechnungsbetrag	Nettowert	Umsatzsteuer	Buchungssätze	
25520,00	$\frac{25520 \cdot 100}{116} = 22000{,}00$ EUR	3520,00 EUR	Forderungen a. LL an Umsatzerlöse für Waren an Umsatzsteuer	25520,00 22000,00 3520,00
103,24	$\frac{103{,}24 \cdot 100}{116} = 89{,}00$ EUR	14,24 EUR	Forderungen a. LL an Umsatzerlöse für Waren an Umsatzsteuer	103,24 89,00 14,24
9142,08	$\frac{9142{,}08 \cdot 100}{116} = 8544{,}00$ EUR	590,08 EUR	Forderungen a. LL an Umsatzerlöse für Waren an Umsatzsteuer	9142,08 8544,00 590,07
70,62	$\frac{70{,}62 \cdot 100}{116} = 66{,}00$ EUR	4,62 EUR	Forderungen a. LL an Umsatzerlöse für Waren an Umsatzsteuer	70,62 66,00 4,62

16 Nettobetrag: $\frac{168{,}20 \cdot 100}{116} = 145{,}00$ EUR

Umsatzsteuer: $\frac{168{,}20 \cdot 16}{116} = 23{,}20$ EUR

17 a) Umsatzsteueranteil: $\frac{66{,}26 \cdot 16}{116} = 9{,}14$ EUR

b)

ba)	Reisen	125,00		
	Vorsteuer	20,00	an Verbindlichkeiten a. LL	145,00
bb)	Aufwendungen für Energie	57,12		
	Vorsteuer	9,14	an Kasse	66,26

18 Umsatzsteuer

Aufgabe: Erläutern Sie die Umsatzsteuer.

Lösung: Der Gesetzgeber erhebt auf die Umsätze der Unternehmungen Umsatzsteuer. Umsätze in diesem Sinne sind Lieferungen und Leistungen von Unternehmen im Inland gegen Entgelt. Mit der Lieferung oder Leistung wird das auszuführende Unternehmen Steuerschuldner. Die Steuerschuld wird vom vereinbarten Entgelt (Nettowert der Ware oder Leistung) berechnet und auf der Ausgangsrechnung offen ausgewiesen. Sie stellt eine Verbindlichkeit gegenüber dem Finanzamt dar.

Vorsteuer

Aufgabe: Erläutern Sie die Vorsteuer.

Lösung: Bei jedem Einkauf oder Bezug von Leistungen wird dem Einzelhändler Umsatzsteuer in Rechnung gestellt, die der Lieferer an das Finanzamt abführen muss. Diese auf Eingangsbelegen ausgewiesene Umsatzsteuer wird als Vorsteuer bezeichnet. Diese ist eine Forderung gegenüber dem Finanzamt, weil sie eine Vorleistung auf die zu zahlende Umsatzsteuer darstellt. Sie kann daher bei der Umsatzsteuer-Voranmeldung mit der geschuldeten Umsatzsteuer verrechnet werden.

Umsatzsteuerzahllast

Aufgabe: Was verstehen Sie unter Umsatzsteuerzahllast?

Lösung: Dies ist die Restschuld nach Abzug der Vorsteuer (Forderungen gegenüber dem Finanzamt) von der Umsatzsteuer (Verbindlichkeit gegenüber dem Finanzamt).

Vorsteuerüberhang

Aufgabe: Was ist ein Vorsteuerüberhang?

Lösung: Dies ist ein Überhang der Vorsteuer gegenüber der Umsatzsteuer. Er entsteht durch Großeinkäufe, Investitionskäufe u. a.

Umsatzsteuer-Voranmeldung

Aufgabe: Was versteht man unter der Umsatzsteuer-Voranmeldung?

Lösung: Dies ist die Umsatzsteuererklärung, die monatlich abzugeben ist. Aus ihr gehen Umsatz, darauf entfallende Umsatzsteuer, abziehbare Vorsteuer und noch zu zahlender Betrag bzw. Vorsteuerüberhang hervor. Sie ist für jeden Monat bis zum 10. des folgenden Monats abzugeben und mit ihr ist die Umsatzsteuerzahllast zu begleichen.

Umsatzsteuer-Voranmeldungszeitraum

Aufgabe: Was versteht man unter dem Umsatzsteuer-Voranmeldungszeitraum?

Lösung: Dies ist der Zeitraum, den der Gesetzgeber für monatliche Umsatzsteuererklärungen einräumt. Für jeden Monat ist die Erklärung bis zum 10. des folgenden Monats abzugeben.

Kleinbetragsrechnungen

Aufgabe: Was versteht man nach Umsatzsteuergesetz unter Kleinbetragsrechnungen?

Lösung: Nach Umsatzsteuergesetz sind Kleinbetragsrechnungen Rechnungen bis 100,00 EUR einschließlich Umsatzsteuer. In diesem Falle gestattet der Gesetzgeber, dass der Rechnungsbetrag brutto angegeben werden kann, allerdings ist der Umsatzsteuersatz, der sich auf die darin enthaltene Umsatzsteuer bezieht, getrennt anzugeben.

19 Die Umsatzsteuer hat keinen Einfluss auf den Erfolg des Unternehmens. Die Umsatzsteuereinnahmen aufgrund von Ausgangsrechnungen werden ausgeglichen durch Vorsteuerausgaben laut Eingangsrechnungen und die Zahllast an das Finanzamt. Die Umsatzsteuer ist somit ein durchlaufender Posten.

20 a) USt. = Steuer auf Umsätze (Verkäufe) lt. AR
Verbindlichkeit gegenüber dem Finanzamt

Vorsteuer = Steuer auf Vorumsätze (Einkäufe) lt. ER
Forderung gegenüber dem Finanzamt

Im Rahmen der USt.-Erklärung wird die Vorsteuer mit der USt. verrechnet.

b) überhaupt nicht

USt	>	**Vorsteuer**	→	**Zahllast**
↓		↓		↓
Verbindlichkeit gegenüber Finanzamt		Forderung gegenüber Finanzamt		Differenz ist an das Finanzamt abzuführen
USt	<	**Vorsteuer**	→	**Vorsteuerüberhang**
↓		↓		↓
Verbindlichkeit gegenüber Finanzamt		Forderung gegenüber Finanzamt		Erstattung der Differenz durch das Finanzamt

c) Markttransparenz zum Schutz der Verbraucher

Umsatzsteuer	= Steuer vom Umsatz
– Vorsteuer	= Steuer vom Vorumsatz
= Zahllast	= Steuer vom Mehrwert

21 Nettowarenwert $= \frac{192{,}60 \cdot 100}{107} = \underline{\underline{180{,}00 \text{ EUR}}}$

Umsatzsteuer $= \frac{192{,}60 \cdot 7}{107} = \underline{\underline{12{,}60 \text{ EUR}}}$

Buchungssatz:

Büromaterial	180,00	an Verbindlichkeiten a. LL	192,60
Vorsteuer	12,60		

1.4 Bearbeiten von Belegen

Lehrbuch Seiten 50 ff.

Handlungssituation

■

	Erläuterung der Belege	Reihenfolge der Bearbeitung
12.06.	Eingangsrechnung von der Bürotec GmbH, Rechnungsnummer 19374	2
15.06.	Ausgangsrechnung des Mars Elektrofachmarktes e. K., Rechnungsnummer 0519	4
14.06.	Bankkontoauszug der Kreissparkasse Köln, Nummer 122	3
17.06.	Eingangsrechnung von der Motor Rabeck GmbH, Rechnungsnummer 1901	5
17.06.	Belastungsbeleg für Kartenzahlung an die Motor Rabeck GmbH	6
18.06.	Kassenbeleg der City-Tankstelle Britte Huber e. K.	7
18.06.	Belastungsbeleg für Kartenzahlung an die City-Tankstelle Britte Huber e. K.	8
19.06.	Kassenbericht des Mars Elektrofachmarktes e. K. Nummer 142	9
10.06.	Kassenbeleg über den Einkauf von Postwertzeichen	1
22.06.	Eingangsrechnung von der Computec GmbH & Co. KG, Rechnungsnummer 64084	14
20.06.	Bankkontoauszug der Kreissparkasse Köln, Nummer 123	10
21.06.	Kassenzettel vom Haushaltswarengeschäft, Josef Ackermann e. K.	12

	Erläuterung der Belege	Reihenfolge der Bearbeitung
21.06.	Belastungsbeleg für Kartenzahlung an Josef Ackermann e.K.	13
20.06.	Eingangsrechnung der Sany AG, Rechnungsnummer 63543	11
24.06.	Bankkontoauszug der Kreissparkasse Köln, Nummer 124	15

- **Begründung**: Die Bearbeitung erfolgt nach Eingangs- bzw. Ausgangsdatum, damit eine chronologische Reihenfolge der Buchungen gesichert ist.
- **Vorgehensweise**: Die Belege sind in zeitlicher Reihenfolge zu ordnen, wobei für Eingangsbelege nicht das Ausstellungsdatum, sondern das Eingangsdatum entscheidend ist. Für die Belegablage nach ihrer Bearbeitung sind weitere Sortierungen notwendig, z.B. nach Art der Belege – Eingangsrechnungen, Ausgangsrechnungen, Bankkontenauszüge, Kassenbelege usw. – oder nach Kundennummern oder Lieferernummern.
- **Belegbearbeitung**:
  - Belegvorbereitung (siehe Arbeitsschritte Seite 54f.). Bei der Belegvorbereitung ist auf die Zusammengehörigkeit von Belegen zu achten, um Doppelbuchungen zu vermeiden.
    Beispiel: Kassenzettel, Kassenbons, quittierte Rechnungen in Verbindung mit Belastungsbelegen für Kartenzahlung oder Bankkontenauszüge in Verbindung mit quittierten Rechnungen oder Rechnungen mit Abbuchungsvermerk u.a.
  - Belegbuchung
  - Belegablage
  - Belegaufbewahrung
- **Vorkontierung der Belege**:

Beleg-Nr.	Datum	Belege und Belegzusammenhänge	Buchungssätze			
			Soll	EUR	Haben	EUR
1	10.06.	Kassenbon i.V. mit Kassenbericht 142	Postgebühren/Telefon	100,00	Kasse	100,00
2	12.06.	ER 19374	Aufwendungen für Waren Vorsteuer	2914,68 466,35	 Verbindlichkeiten a. LL	 3381,03
3	14.06.	BA 122 i.V. mit Belegen 1, 10	Bank Aufwendungen für Energie Vorsteuer Verbindlichkeiten a. LL Kasse	3132,00 450,00 72,00 75,40 9400,00	Forderungen a. LL Bank Bank Bank	3132,00 522,00 75,40 9400,00
4	14.06.	AR 0519	Forderungen a. LL	1593,40	Umsatzerlöse für Waren Umsatzsteuer	1373,62 219,78
5/6	17.06.	ER 1901 i.V. mit Belegen 7, 11	Fremdinstandhaltung Vorsteuer	380,00 60,80	 Verbindlichkeiten a. LL	 440,80
7/8	18.06.	KB i.V. mit Belegen 9/11	Aufwendungen für Energie Vorsteuer	49,31 7,89	 Bank	 57,40
9	19.06.	Kassenbericht Nr. 142	Kasse	8581,00	Umsatzerlöse für Waren Umsatzsteuer	7397,41 1183,59
10	20.06.	BA 123 i.V. mit Belegen 6, 7, 8, 9, 10	Verbindlichkeiten a. LL	3381,03	Bank	3381,03
11	20.06.	ER 63543	Aufwendungen für Waren Vorsteuer	268,90 43,02	 Verbindlichkeiten a. LL	 311,92
12/13	21.06.	Kassenzettel i.V. mit Beleg 14	Reinigungsmaterial Vorsteuer	39,53 6,33	 Bank	 45,86
14	22.06.	ER 64084	Aufwendungen für Waren Vorsteuer	3594,80 575,17	 Verbindlichkeiten a. LL	 4169,97
15	24.06.	BA 124 i.V. mit Belegen 3, 13, 14	Bank	1593,40	an Forderungen a. LL	1593,40

Lehrbuch Seiten 56 ff.

1 ▪ **Natürliche Belege:**
- **externe:** Eingangsrechnungen, Ausgangsrechnungen (Kopien), Bankkontenauszüge
- **interne:** Lohn- und Gehaltslisten, Quittungen über Barentnahmen

▪ **Künstliche Belege:** Belege zur Stornierung von Falschbuchungen, Belege zur Darstellung von außerordentlichen Vorfällen (Diebstahl, Bruch, Verderb), Belege zu Umbuchungen und Abschlussbuchungen.

2 **Belegbearbeitung:**
- Prüfung der sachlichen und rechnerischen Richtigkeit
- Sortieren der Belege
- Nummerieren der Belege
- Vorkontieren
- Buchungen im Grund- und Hauptbuch
- Belegablage und -aufbewahrung

3 **Belegbearbeitung**
Aufgabe: Erläutern Sie die Belegbearbeitung in der Buchführung.
Lösung:
Belegvorbereitung (Prüfen, Sortieren, Nummerieren, Vorkontieren)
Belegbuchung im Grund- und Hauptbuch mit Buchungsvermerken
Belegablage nach Struktur der Registratur
Belegaufbewahrung: 10 Jahre für die komplette Belegsammlung eines Geschäftsjahres. Die Aufbewahrungsfrist beginnt also für alle Belege eines Geschäftsjahres am 01. 01. des folgenden Geschäftsjahres.

Belegprüfung
Aufgabe: Erläutern Sie die Prüfung der Buchungsbelege.
Lösung: Alle Belege werden auf sachliche und rechnerische Richtigkeit überprüft. Vielfach werden mit dieser Überprüfung die zuständigen Fachabteilungen beauftragt.

Belegnummerierung
Aufgabe: Erläutern Sie Möglichkeiten und Bedeutung der Belegnummerierung.
Lösung: Belege können nach ihrer Art sortiert und nummeriert werden, z. B. Eingangsrechnungen, Ausgangsrechnungen, Bankkontenauszüge usw. Sie können aber auch fortlaufend in zeitlicher Reihenfolge nach Ausstellungsdatum (Ausgangsbelege) und Eingangsdatum (Eingangsbelege) nummeriert werden. Die Nummerierung ist wichtig für die Buchung, die die Belegnummer einbezieht, und für die Registratur, mit deren Hilfe durch den Buchungsvermerk die Buchung jederzeit in Grund- und Hauptbuch wiedergefunden werden kann.

Belegvorkontierung
Aufgabe: Was verstehen Sie unter Belegvorkontierung?
Lösung: Im Buchungsstempel wird der Buchungssatz in der Regel von fachkundigen Buchhaltern angegeben, sodass die Buchung dann arbeitsteilig von programmkundigem Personal ausgeführt werden kann, und zwar nach den vom Buchhalter festgelegten einheitlichen Grundsätzen.

Belegaufbewahrung
Aufgabe: Erläutern Sie die Belegaufbewahrung.
Lösung: Buchungsbelege sind 10 Jahre aufzubewahren. Durch Querverweise zur Buchung (Buchungsvermerk) muss sichergestellt werden, dass von der Buchung auf den zugrunde liegenden Beleg und vom Beleg auf die ausgelöste Buchung geschlossen werden kann. Die Belege können auch in Form von Mikrofilmen oder als Belegdatei aufbewahrt werden. Dabei ist sicherzustellen, dass sie im Bedarfsfall – z. B. bei Prüfungen durch die Finanzverwaltung – jederzeit schnell lesbar gemacht werden können.

Belegregistratur
Aufgabe: Was ist eine Belegregistratur?
Lösung: Dies ist eine strukturierte Belegablage nach Nummern, nach zeitlicher Ordnung, nach Lieferern, nach Kunden und anderen Gesichtspunkten. Für jede Registratur gilt, was für die Buchführung selbst gilt: Sachverständige Dritte müssen ohne besondere Probleme aus den Buchungsunterlagen Belege jeder Art selbstständig wiederfinden können.

4 Nur durch Angabe der Belegart und -nummer zu jeder Buchung kann auf den zugrunde liegenden Beleg geschlossen und die Ordnungsmäßigkeit der Buchung überprüft werden.

5 Individuelle Lösungen.

6

Beleg-Nr.	Beleg-art	Belege und Beleg-zusammenhänge	Buchungssätze			
			Soll	EUR	Haben	EUR
1	BA 248	Überweisung an MATA OHG	Verbindlichkeiten a. LL	4 547,20	Bank	4 547,20
		Abbuchung der Telefongebühren	Postgebühren/Telefon	417,72		
			Vorsteuer	66,84	Bank	484,56
		Zahlung an die Wasserversorgung GmbH	Aufwendungen für Energie	367,98		
			Vorsteuer	58,88	Bank	426,86

Beleg-Nr.	Beleg-art	Belege und Belegzusammenhänge	Buchungssätze			
			Soll	EUR	Haben	EUR
2	AR 1373	AR an den ASV	Forderungen a. LL	2146,00	Umsatzerlöse für Waren Umsatzsteuer	1850,00 296,00
3	ER 19374	ER der Beier KG	Aufwendungen für Waren Vorsteuer	4140,00 662,40	Verbindlichkeiten a. LL	4801,40
4	ER 63542	ER P. Römer	Büromaterial Vorsteuer	70,00 11,20	Verbindlichkeiten a. LL	81,20
5	KB	Postwertzeichen	Postentgelte/Telefon	50,00	Kasse	50,00
6	KB	Reinigungsmaterial	Instandhaltung Vorsteuer	39,48 6,32	Kasse	45,80
7	BA 249	Überweisung der Tura-Bonn zum Ausgleich einer AR	Bank	6333,60	an Forderungen a. LL	6333,60
		Zahlung der Stromrechnung	Aufwendungen für Energie Vorsteuer	420,00 67,20	an Bank	487,20
		Ausgleich der ER der Rubitex GmbH i.V. mit Beleg 9	Instandhaltung Vorsteuer	172,00 27,52	an Bank	199,62
		Einzahlung auf Bankkonto	Bank	9200,00	an Kasse	9200,00
8	ER 64084	ER der Büromaschinen Bonn GmbH	Geschäftsausstattung Vorsteuer	4840,00 774,40	Verbindlichkeiten a. LL	5614,40
10/11	ER 1862	ER der Robert Blusch GmbH i.V. mit Beleg 12	Instandhaltung Vorsteuer	168,00 26,88	Bank	194,88
12	BA 250	Ausgleich der Telekomrechnung und des Belegs 10 i.V. mit 11	Postgebühren/Telefon Vorsteuer	275,00 44,00	Bank	319,00
		Zahlung der ER der Sport Becker GmbH	Bank Verbindlichkeiten a. LL	11400,00 14250,60	Kasse Bank	11400,00 14250,60

2 Wirtschaftlichkeit, Produktivität und Rentabilität: Die Kennziffern aus betrieblichen Prozessen zur Beurteilung des unternehmerischen Erfolges nutzen

Lehrbuch Seite 60f.

Handlungssituation

■ – **Warengruppe**: Eine Umsatzgliederung nach Warengruppen lässt den Controller Schwachstellen und Stärken des Sortiments erkennen, nämlich die bedeutenden und die problematischen Warengruppen und Artikel. Mit dieser Erkenntnis werden Maßnahmen eingeleitet, umsatzschwache Warengruppen zu bereinigen oder durch Absatzmarketing zu intensivieren.
– **Verkäufer/-innen**: Durch Gliederung der Umsätze nach Verkäufer/-innen überwacht der Controller den wirtschaftlichen Einsatz des Verkaufspersonals. Dadurch werden umsatzstarke und umsatzschwache Verkäufer/-innen festgestellt und angemessene Maßnahmen getroffen, wie z.B. Provisionssystem, Verkaufsprämiensystem, Verkäufer/-innenschulung, innerbetriebliche Versetzungen, evtl. Kündigungen usw.

■ – **Rentabilität:** Rentabilität misst den Ertrag des investierten Kapitals bzw. die Ertragskraft des erzielten Umsatzes. Daher werden Kapitalrentabilität und Umsatzrentabilität unterschieden.
– **Wirtschaftlichkeit**: Wirtschaftlichkeit misst den Ertrag im Verhältnis zu den Kosten, bezogen auf 1,00 oder 100,00 EUR Kosten. Sie ist Grundlage dafür, das Kapital in Anlageformen mit dem höchsten Ertrag zu bringen; beispielsweise müssen im Einzelhandel Verkaufsräume, Lagerräume, Personal immer unter dem Gesichtspunkt der Wirtschaftlichkeit beobachtet werden. So kann ermittelt werden, ob ein Verkäufer durch die Versetzung in den Verkaufsbereich einer anderen Warengruppe oder ein Raum durch die Umstellung des Sortiments höhere Erträge bringt im Vergleich zu den verursachten Kosten.
– **Produktivität**: Die Produktivität gibt Auskunft über die Ergiebigkeit (Wirkung, Effizienz) eingesetzter Produktionsfaktoren, wie z.B. Umsatz je Mitarbeiter, Umsatz je m² Verkaufsfläche oder Umsatz je Kunde.

■ Die drei Kennzahlen und die sie beeinflussenden Größen sind im Detail zu überwachen, z. B.:
- **Rentabilität:** Einflussgrößen des Gewinns sind Umsatz und Kosten. Umsatz und Kosten sind wiederum abhängig vom einzelnen Artikel, von der einzelnen Warengruppe, den Lagerkennziffern usw.
- **Wirtschaftlichkeit**: Für sie gilt Ähnliches. Umsatz und Kosten werden auch hier gegenübergestellt.
- **Produktivität**: Um die Effizienz der Mitarbeiter zu messen, müssen die Leistungsmengen pro Arbeitsstunde oder pro Arbeitstag regelmäßig gemessen werden.

Lehrbuch Seite 66 f.

1

	Filiale A	**Filiale B**
Personalproduktivität in EUR Flächenproduktivität in EUR	75000,00 1200,00	60000,00 1500,00

Erläuterung: Individuelle Lösungen.

2 a) **Eigenkapitalrentabilität:** $\frac{\text{Gewinn} \cdot 100}{\text{Eigenkapital}} = \frac{680000 \cdot 100}{2720000} = 25\,\%$

b) **Unternehmungsrentabilität:** $\frac{(\text{Gewinn} + \text{Fremdkapitalzinsen}) \cdot 100}{\text{Gesamtkapital}} = \frac{(680000 + 204000) \cdot 100}{5200000} = 17\,\%$

c) **Umsatzrentabilität:** $\frac{\text{Gewinn} \cdot 100}{\text{Umsatzerlöse}} = \frac{680000 \cdot 100}{13600000} = 5\,\%$

3 a) **Umsatzrentabilität:** $\frac{\text{Gewinn} \cdot 100}{\text{Umsatzerlöse}} = \frac{30000 \cdot 100}{1200000} = 2{,}5\,\%$

b) Gewinn: $2{,}2\,\% = \frac{x \cdot 100}{1440000}$ $\quad x = 31680{,}00$ EUR

c) Umsatzsteigerung: $1200000 \mathrel{\hat{=}} 100\,\%$
$240000 \mathrel{\hat{=}} x$ $\quad x = 20\,\%$

d) Abnahme/Umsatzrentabilität: $2{,}5\,\% \mathrel{\hat{=}} 100\,\%$
$0{,}3\,\% \mathrel{\hat{=}} x$ $\quad x = 12\,\%$

4 a) **Eigenkapitalrentabilität:** $\frac{\text{Gewinn} \cdot 100}{\text{Eigenkapital}} = \frac{800 \cdot 100}{4000} = 20\,\%$

b) **Gesamtkapitalrentabilität:** $\frac{(\text{Gewinn} + \text{Fremdkapitalzinsen}) \cdot 100}{\text{Gesamtkapital}} = \frac{(800 + 600) \cdot 100}{10000} = 14\,\%$

c) **Umsatzrentabilität:** $\frac{\text{Gewinn} \cdot 100}{\text{Umsatzerlöse}} = \frac{800 \cdot 100}{25000} = 3{,}2\,\%$

d) **Wirtschaftlichkeit:** $\frac{\text{Umsatz}}{\text{Kosten}} = \frac{25000}{24200} = 1{,}03$

5

		Berichtjahr	**Vorjahr**
a)	aa) **Eigenkapitalrentabilität**	$\frac{520000 \cdot 100}{2600000} = 20\,\%$	$\frac{600000 \cdot 100}{2000000} = 30\,\%$
	ab) **Gesamtkapitalrentabilität**	$\frac{1000000 \cdot 100}{6600000} = 15{,}15\,\%$	$\frac{1000000 \cdot 100}{6000000} = 16{,}67\,\%$
	ac) **Umsatzrentabilität**	$\frac{520000 \cdot 100}{6500000} = 8\,\%$	$\frac{6000000 \cdot 100}{6000000} = 10\,\%$
b)	**Wirtschaftlichkeit**	$\frac{6500000 \cdot 100}{5980000} = 1{,}09$	$\frac{6000000 \cdot 100}{5400000} = 1{,}1$

c) Eine Erhöhung der Wirtschaftlichkeit führt zu einer höheren Rentabilität, wenn Kosteneinsparungen nicht durch gewinnmindernde Faktoren aufgezehrt werden.

6 b) d)

7 a) **Reingewinn** $\quad 673200 - 642000 \quad = 31200{,}00$ EUR

b) **Eigenkapitalrentabilität:** $\frac{\text{Gewinn} \cdot 100}{\text{Eigenkapital}} = \frac{31200 \cdot 100}{260000} \quad = 12\,\%$

c) **Umsatzrentabilität:** $\frac{\text{Gewinn} \cdot 100}{\text{Umsatzerlöse}} = \frac{31\,200 \cdot 100}{673\,200} = 4{,}63\,\%$

d) **Wirtschaftlichkeit:** $\frac{\text{Umsatzerlöse} \cdot 100}{\text{Betrieblicher Aufwand}} = \frac{673\,200}{642\,000} = 1{,}05$

8 a) **Eigenkapitalrentabilität:** $\frac{160\,000 \cdot 100}{800\,000} = 20\,\%$

b) **Gesamtkapitalrentabilität:** $\frac{(160\,000 + 60\,000) \cdot 100}{1\,400\,000} = 15{,}7\,\%$

c) **Umsatzrentabilität:** $\frac{160\,000 \cdot 100}{4\,800\,000} = 3\ 1/3\,\%$

9 **Eigenkapitalrentabilität**
Aufgabe: Was versteht man unter Eigenkapitalrentabilität?
Lösung: Sie gibt das prozentuale Verhältnis vom Gewinn zum eingesetzten Eigenkapital am Anfang des Jahres an.

Berechnung: $\text{Eigenkapitalrentabilität} = \frac{\text{Gewinn} \cdot 100}{\text{Eigenkapital am Jahresanfang}}$

Die Eigenkapitalrentabilität enthält neben der Verzinsung des Eigenkapitals das Arbeitsentgelt für den Unternehmer und eine Risikoprämie für das übernommene Unternehmerwagnis.

Gesamtkapitalrentabilität
Aufgabe: Was versteht man unter Gesamtkapitalrentabilität?
Lösung: Sie zeigt das Verhältnis des vom Gesamtkapital erzielten Ertrages (Gewinn und Fremdkapitalzinsen) zum Gesamtkapital.

Berechnung: $\text{Gesamtkapitalrentabilität} = \frac{(\text{Gewinn} + \text{Fremdkapitalzinsen}) \cdot 100}{\text{Gesamtkapital am Jahresanfang}}$

Mit der Gesamtkapitalrentabilität kann nachgewiesen werden, ob der Einsatz des Fremdkapitals sich lohnt. Das ist der Fall, wenn sie über dem Zinssatz für das Fremdkapital liegt.

Umsatzrentabilität
Aufgabe: Was versteht man unter Umsatzrentabilität?
Lösung: Sie gibt den prozentualen Anteil des Gewinns am Umsatz an und sagt aus, wie viel Gewinn pro 100,00 EUR Umsatz dem Unternehmen für Investitionen oder Ausschüttungen zurückfließen.

Berechnung: $\text{Umsatzrentabilität} = \frac{\text{Gewinn} \cdot 100}{\text{Umsatzerlöse für Waren}}$

Wirtschaftlichkeit
Aufgabe: Was versteht man unter Wirtschaftlichkeit?
Lösung: Die Wirtschaftlichkeit informiert darüber, in welchem Maß das ökonomische Prinzip verwirklicht wurde:

- mit wie viel Kosten ein bestimmter Umsatz erzielt wurde oder
- welcher Umsatz mit vorgegebenen Kosten möglich ist.

Berechnung: $\text{Wirtschaftlichkeit} = \frac{\text{Umsatzerlöse für Waren (Leistungen)}}{\text{Betrieblicher Aufwand (Kosten)}}$

Sie gibt den Ertrag für 1,00 EUR Kosteneinsatz an.

Produktivität
Aufgabe: Was versteht man unter Produktivität?
Lösung: Die Produktivität gibt die Leistung eines bestimmten Produktionsfaktoreinsatzes an, z.B. Umsatz pro Arbeitsstunde, Umsatz pro m^2 Verkaufsfläche, Umsatz pro Verkäufer/-in. Entsprechend sind je nach Einsatz von Produktionsfaktorarten unterschiedliche Produktivitäten zu unterscheiden.

Personalproduktivität
Aufgabe: Was versteht man unter Personalproduktivität?
Lösung: Siehe Produktivität

Berechnung: $\text{Personalproduktivität} = \frac{\text{Umsatzerlöse für Waren}}{\text{Anzahl der Mitarbeiter/-innen}}$

Verkäuferproduktivität
Aufgabe: Was versteht man unter Verkäuferproduktivität?
Lösung: Siehe Produktivität

Berechnung: $\text{Verkäufer/-innenproduktivität} = \frac{\text{Umsatzerlöse für Waren}}{\text{Anzahl der Verkäufer/-innen}}$

Raumproduktivität
Aufgabe: Was versteht man unter Raumproduktivität?
Lösung: Siehe Produktivität

Berechnung: $\text{Raumproduktivität} = \frac{\text{Umsatzerlöse für Waren}}{m^2\ \text{Geschäftsfläche}}$

Kundenproduktivität
Aufgabe: Was versteht man unter Kundenproduktivität?
Lösung: Siehe Produktivität

Berechnung: $\text{Kundenproduktivität} = \frac{\text{Umsatzerlöse für Waren}}{\text{Anzahl der Kunden (Bonanzahl)}}$

Personalstundenproduktivität
Aufgabe: Was versteht man unter Personalstundenproduktivität?
Lösung: Siehe Produktivität

Berechnung: $\text{Personalstundenproduktivität} = \frac{\text{Umsatzerlöse für Waren}}{\text{Anzahl der Mitarbeiter/-innenstunden}}$

Umsatzkennzahl
Aufgabe: Erläutern Sie verschiedene Umsatzkennzahlen.
Lösung: Der Umsatz ist neben den Kosten eine entscheidende Einflussgröße des Betriebserfolges. Deshalb wird der Umsatz mit unterschiedlichen Kennzahlen regelmäßig verfolgt und beobachtet. Besonders geeignet sind Planabweichungen des Istumsatzes vom Planumsatz (Soll-Ist-Vergleich), Umsatzentwicklungen von einem Jahr zum anderen oder von einem Monat zum anderen bzw. einem Quartal zum anderen und der Umsatzanteil einzelner Warengruppen (Umsatzstruktur).

10 a)

	1. Jahr	**2. Jahr**	**3. Jahr**
Eigenkapital-rentabilität:	$\frac{25000 \cdot 100}{150000} = 16{,}67\,\%$	$\frac{35000 \cdot 100}{175000} = 20\,\%$	$\frac{50000 \cdot 100}{200000} = 25\,\%$
Unterneh-mungs-rentabilität	$\frac{(25000 + 4800) \cdot 100}{250000} = 11{,}92\,\%$	$\frac{(35000 + 7500) \cdot 100}{300000} = 14{,}17\,\%$	$\frac{(50000 + 6000) \cdot 100}{315000} = 17{,}78\,\%$
Umsatz-rentabilität	$\frac{25000 \cdot 100}{580000} = 4{,}31\,\%$	$\frac{35000 \cdot 100}{750000} = 4{,}67\,\%$	$\frac{50000 \cdot 100}{960000} = 5{,}21\,\%$
Wirtschaft-lichkeit	$\frac{580000}{555000} = 1{,}05$	$\frac{750000}{715000} = 1{,}05$	$\frac{960000}{910000} = 1{,}05$
Personal-produktivität	$\frac{580000}{2} = 290000{,}00$ EUR	$\frac{750000}{3} = 250000{,}00$ EUR	$\frac{960000}{4} = 240000{,}00$ EUR
Raum-produktivität	$\frac{580000}{150} = 3866{,}67$ EUR	$\frac{750000}{150} = 5000{,}00$ EUR	$\frac{960000}{150} = 6400{,}000$ EUR

b) Die gute Entwicklung deutet darauf hin, dass das Warenangebot und die Preise den Kundenvorstellungen entsprechen. Die einzige negative Entwicklung zeigt die Personalproduktivität. Bei entsprechendem weiteren Wachstum sollte sich diese jedoch weiter verbessern.

c) Sortimentsbereinigung, Sortimentserweiterung, günstigerer Einkauf, Verbesserung des Marketings, Änderung der Preispolitik u. a.

11 a) **Rohgewinn:** 1537500 − 975000 = 562500,00 EUR

b) **Handlungskostenzuschlagssatz:** $\frac{380000 \cdot 100}{975000} = 39{,}0\,\%$

c) **Gewinnzuschlagssatz:** $\frac{182500 \cdot 100}{1355000} = 13{,}5\,\%$

d) **Wirtschaftlichkeit:** $\frac{1537500}{1355000} = 1{,}13$

e) **Umsatzrentabilität:** $\frac{182500 \cdot 100}{1537500} = 11{,}9\,\%$

12

a)

	Berichtsjahr	**Vorjahr**
aa) **Umsatz/m² Geschäftsfläche**	$\frac{12691000}{10500} = 1208{,}67$ EUR	$\frac{11634800}{10500} = 1108{,}08$ EUR
ab) **Umsatz/m² Verkaufsfläche**	$\frac{12691000}{10000} = 1269{,}10$ EUR	$\frac{11634800}{10000} = 1163{,}48$ EUR
ac) **Kalkulations-zuschlagssatz**	$\frac{(12691000 - 7252000) \cdot 100}{7252000} = 75\,\%$	$\frac{(11634800 \cdot 6844000) \cdot 100}{6844000} = 70\,\%$
ad) **Umsatz pro Kunde**	$\frac{12691000}{206500} = 61{,}46$ EUR	$\frac{11634800}{198700} = 58{,}55$ EUR

	Berichtsjahr	Vorjahr
ae) **Umsatz pro Mitarbeiter/-in**	$\frac{12691000}{65} = 95246{,}15$ EUR	$\frac{11634800}{62} = 187658{,}06$ EUR
af) **Umsatz pro Arbeitsstunde**	$\frac{12691000}{118300} = 107{,}28$ EUR	$\frac{11634800}{109616} = 106{,}14$ EUR
ag) **Rohergebnis**	12691000 – 7252000 = 5439000,00 EUR	11634800 – 6844000 = 4790800,00 EUR
ah) **Wirtschaftlichkeit**	$\frac{12691000}{7252000 + 3626000} = 1{,}17$	$\frac{11634800}{6844000 + 3558880} = 1{,}12$
ai) **Eigenkapitalrentabilität**	5439000 – 3626000 = 1813000,00 EUR $\frac{1813000 \cdot 100}{4000000} = 45{,}3\,\%$	4790800 – 3558880 = 1231920,00 EUR $\frac{1231920 \cdot 100}{4000000} = 30{,}8\,\%$
aj) **Gesamtkapitalrentabilität**	$\frac{(1813000 + 50000) \cdot 100}{12000000} = 15{,}53\,\%$	$\frac{(1231920 + 65000) \cdot 100}{10500000} = 12{,}38\,\%$
ak) **Umsatzrentabilität**	$\frac{1813000 \cdot 100}{12691000} = 14{,}29\,\%$	$\frac{1231920 \cdot 100}{11634800} = 10{,}59\,\%$

al) **Umsatzentwicklung** gegenüber dem Vorjahr: $\frac{(12691000 - 11634800) \cdot 100}{11634800} = 9{,}08\,\%$

b) Mit Ausnahme des Kalkulationszuschlagssatzes, der im Berichtsjahr um 5 Prozentpunkte gegenüber dem Vorjahr erhöht wurde, haben alle Ergebnisse sich verbessert.
- Der Umsatz pro m^2 Geschäftsfläche ist um 92 %, der Umsatz pro m^2 Verkaufsfläche um 65 % gestiegen.
- Der Umsatz pro Kunde stieg von 58,55 EUR auf 61,46 EUR, der Umsatz pro Mitarbeiter/-in stieg von 187658 EUR auf 195246 EUR.
- Der Umsatz pro Arbeitsstunde stieg um 1,00 EUR.
- Das Rohergebnis verbesserte sich um 648000,00 EUR.
- Die Wirtschaftlichkeit stieg von 1,12 auf 1,17.
- Die Eigenkapitalrentabilität verbesserte sich von 30,8 % auf 45,3 %, die Gesamtkapitalrentabilität von 12,4 % auf 15,5 % und die Umsatzrentabilität von 10,6 % auf 14 %.

c) Die positive Entwicklung der Rentabilität, der Produktivität und der Wirtschaftlichkeit geben keine Veranlassung, den Kalkulationszuschlagssatz, mit dem Handlungskosten und Gewinn einkalkuliert werden, zu verändern. Allerdings sollten konsequent die Handlungskosten beobachtet werden, um rechtzeitig negative Auswirkungen auf das Ergebnis zu korrigieren.
Auffallend ist die Entwicklung des Umsatzes (+ 9 %) gegenüber dem Wareneinsatz (+ 6 %).

3 Anlagen anschaffen und Abschreibungen auf Anlagen buchen

Lehrbuch Seite 69

Handlungssituation

- Fuhrpark, Vorsteuer, Verbindlichkeiten a. LL
- Fuhrpark 60000,00
  Vorsteuer 9600,00 an Verbindlichkeiten a. LL 69600,00
- Abnutzung durch Nutzung,
  technische Überholung
- Erfahrungswerte
  AfA-Tabelle der Finanzverwaltung
- Abschreibungen auf Sachanlagen an Fuhrpark

Lehrbuch Seite 78 ff.

1

	Anschaffungspreis	27400,00 EUR
–	2 % Skonto	548,00 EUR
	Bareinkaufspreis	26852,00 EUR
+	Anschaffungsnebenkosten	1100,00 EUR
	Anschaffungswert	27952,00 EUR

2	Anschaffungspreis	25000,00 EUR
–	3 % Skonto	750,00 EUR
	Bareinkaufspreis	24250,00 EUR
+	Anschaffungsnebenkosten	550,00 EUR
	Anschaffungswert	24800,00 EUR

3	Kaufpreis lt. Liste	104000,00 EUR
–	3 % Sonderrabatt	3120,00 EUR
	Zieleinkaufspreis	100880,00 EUR
–	2 % Skonto	2017,60 EUR
	Bareinkaufspreis	98862,40 EUR
+	Anschaffungsnebenkosten	1837,60 EUR
	Anschaffungswert	100700,00 EUR

4	Listenpreis	12000,00 EUR
–	10 % Mengenrabatt	1200,00 EUR
	Zieleinkaufspreis	10800,00 EUR
–	2 % Skonto	216,00 EUR
	Bareinkaufspreis	10584,00 EUR
+	Fracht	20,00 EUR
+	Transportversicherung	11,00 EUR
	Anschaffungswert	10615,00 EUR

5 a) Abschreibungsbetrag $= \frac{5250}{3}$ oder $\frac{5250 \cdot 20}{60} = 1750{,}00$ EUR

b) Anschaffungswert $= 1750 \times 5$ oder $\frac{5250 \cdot 100}{60} = 8700{,}00$ EUR

c) Abschreibungen auf Sachanlagen 1.750,00 an Geschäftsausstattung 1.750,00

6

		Kühltheke	Computerkasse
a)	Abschreibungssatz	12 1/2 %	20 %
b)	Abschreibungsmethode	linear	degressiv
c)	Nutzungsdauer	8 Jahre	—
d)	Abschreibung am Ende des 3 Jahres Abschreibungen auf Sachanlagen an Geschäftsausstattung	 4.750,00 EUR 4.750,00 EUR	 15.350,00 EUR 15.350,00 EUR

7 a) Anschaffungswert: 60000,00 EUR
- AfA 1 12000,00 EUR
  Buchwert 1 48000,00 EUR
- AfA 2 9600,00 EUR
  Buchwert 2 38400,00 EUR
- AfA 3 7680,00 EUR

b) Buchwert 30720,00 EUR

c) Abschreibungen auf Sachanlagen 7680,00 an BuG 7680,00 EUR

8 (1) linear: b, e, f, h (2) degressiv: a, c, d, g, i

9 a)

1.	GWG	380,00		
	Vorsteuer	60,80	an Bank	440,80
2.	Büromaterial	40,00		
	Vorsteuer	6,40	an Bank	46,40
3.	Fuhrpark	32.000,00		
	Vorsteuer	5120,00	an Bank	37120,00
4.	Geschäftsausstattung	12.000,00		
	Vorsteuer	1920,00	an Bank	13920,00

b) 1. mit 304,00 EUR oder mit 1,00 EUR (Bewertungswahlrecht)
2. mit 0,00 EUR
3. mit 28000,00 EUR
4. mit 10000,00 EUR

c) 1. Abschreibungen auf Sachanlagen 76,00 an GWG 76,00 (oder 379,00)
2. –
3. Abschreibungen auf Sachanlagen 4000,00 an Fuhrpark 4.000,00
4. Abschreibungen auf Sachanlagen 2000,00 an Geschäftsausstattung 2000,00

10 a) 7200,00 EUR
b) Abschreibungen auf Sachanlagen 7200,00 an Fuhrpark 7200,00
c) 18432,00 EUR

11

S	Fuhrpark		H
EBK	9000,00	Abs	1200,00
		SBK	7800,00
	9000,00		9000,00

S	Abschreibungen auf Anlagen		H
Fp	1200,00	GuV	1200,00

S	SBK		H
Fp	7800,00		

S	GuV		H
Abschr.	1200,00		

12

S	Geschäftsausstattung		H
EBK	8000,00	Abschr. a. A	1335,00
Kasse	900,00	SBK	7565,00
	8900,00		8900,00

S	Abschreibungen auf Anlagen		H
GA	1335,00	GuV	1335,00

S	SBK		H
GA	7565,00		

S	GuV		H
Abschr. a. A	1335,00		

13

S	Geschäftsausstattung		H
EBK	11600,00	Ka	150,00
Vb	1050,00	Abs	1500,00
		SBK	11000,00
	12650,00		12650,00

S	Abschreibungen auf Anlagen		H
GA	1500,00	GuV	1500,00

S	SBK		H
GA	11000,00		

S	GuV		H
Abs	1500,00		

14

1. Büromaterial	37,00		
Vorsteuer	5,92	an Kasse	42,92
2. Büromaterial	65,00		
Vorsteuer	10,40	an Kasse	75,40
3. Geringwertige Wirtschaftsgüter des AV	380,00		
Vorsteuer	60,80	an Kasse	440,80

15

Jahre	linearer AfA-Satz in %
5	20
6	16 2/3
8	12 1/2
10	10
12	8 1/3
15	6 2/3
20	5

16

	AfA-Satz linear	AfA-Satz geometrisch-degressiv
8 Jahre	12,5 %	20 %
10 Jahre	10 %	20 %
12 Jahre	8 1/3 %	16 2/3 %
16 Jahre	6 1/4 %	12,5 %
20 Jahre	5 %	10 %

17 a) Abschreibungssatz: linear = 100 : 10 = 10 %
geometrisch-degressiv = 10 · 2 = 20 %

	AK	linear		geometrisch-degressiv	
		Abschreibungs-betrag	**Buchwert**	**Abschreibungs-betrag**	**Buchwert**
	25000,00				
1. Jahr		2500,00	22500,00	5000,00	20000,00
2. Jahr		2500,00	20000,00	4000,00	16000,00
3. Jahr		2500,00	17500,00	3200,00	12800,00
4. Jahr		2500,00	15000,00	2560,00	10240,00
5. Jahr		2500,00	12500,00	2048,00	8192,00
6. Jahr		2500,00	10000,00	1638,40	6553,60
7. Jahr		2500,00	7500,00	1310,72	5242,88
8. Jahr		2500,00	5000,00	1048,58	4194,30
9. Jahr		2500,00	2500,00	838,86	3355,44
10 Jahr		2500,00	0,00	671,09	2684,35

b)

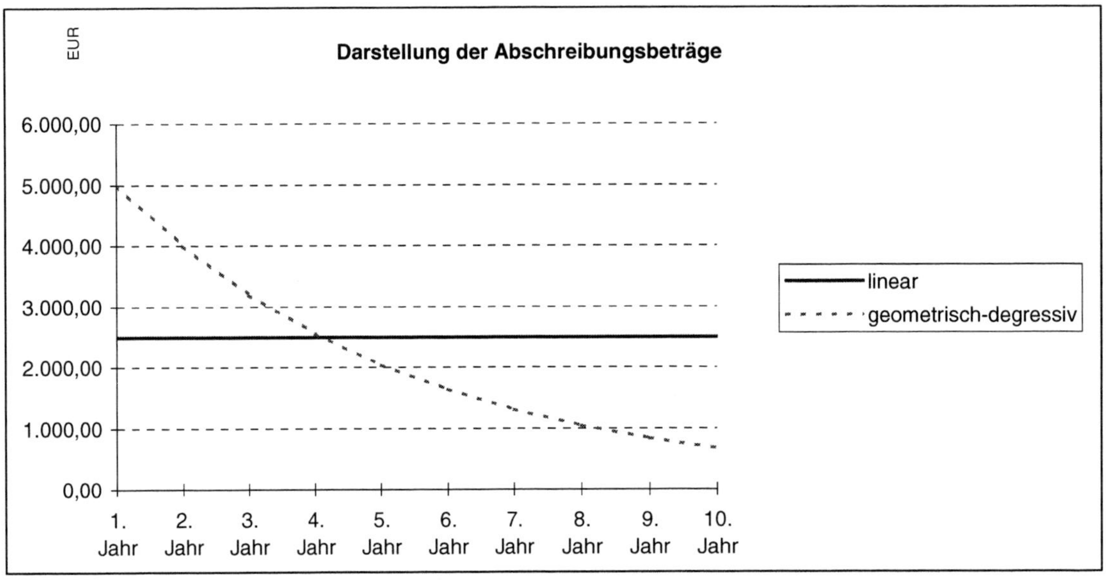

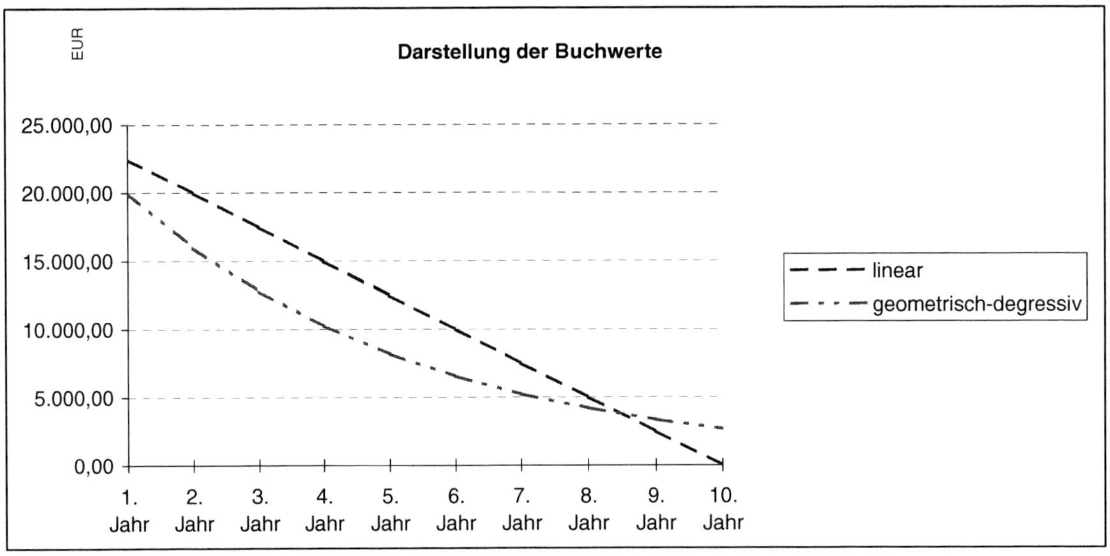

18 a)

1. Büromaterial	38,00	an Bank	38,00
2. GWG der GA	400,00	an Bank	400,00

b) **Umbuchungen zur Bewertung**

1. –			
2 Abschreibungen auf Anlagen	400,00	an GWG der GA	400,00
oder	80,00		80,00

c) **Buchungen zum Jahresabschluss**

1. –			
2. –			
oder SBK	320,00	an GWG	320,00

Anmerkungen zur Bewertung zum Bilanzstichtag:

- **Zu 1 Locher:** Wirtschaftsgüter des beweglichen Anlagevermögens, deren Anschaffungs- oder Herstellungskosten nicht mehr als 60,00 EUR betragen haben, können sofort als Betriebsausgabe abgesetzt werden. Sie müssen nicht gesondert als geringwertige Wirtschaftsgüter ausgewiesen werden.
- **Zu 2 Drehstuhl:** Es handelt sich um ein geringwertiges Wirtschaftsgut des Anlagevermögens (bis 410,00 EUR), das im Jahre der Anschaffung voll abgeschrieben oder über die Nutzungsdauer von 5 Jahren abgeschrieben werden **kann** (Bewertungswahlrecht).

19 a) aa) Anschaffungswert beider PC = 4500,00 EUR

ab) $\frac{4500 \cdot 25}{100}$ = 1905,00 EUR

b)

ba) Geschäftsausstattung	4500,00		
GWG der GA	780,00		
Vorsteuer	844,80	an Verbindlichkeiten a. LL	6124,80
bb) Abschreibungen auf Anlagen	1125,00	an Geschäftsausstattung	1125,00
Abschreibungen auf GWG der GA	780,00	an GWG der GA	780,00

20 a) aa) Abschreibungssatz: $\frac{23040 \cdot 100}{92160 + 23040} = 20\,\%$

ab) Degressive Abschreibung

ac) Buchwert des Vorjahres: 92160 + 23040 = 115200,00 EUR

ad) Bisherige Abschreibung insgesamt: $\frac{87840 \cdot 100}{180000} = 48{,}8\,\%$

ae) Betriebsgewöhnliche ND: $\frac{100 \cdot 2}{20} = 10$ Jahre

b) ba) Buchwert des Geschäftsjahres: 2200 − 1100 = 1100,00 EUR

bb) Lineare Abschreibung

bc) AfA-linear: 25 %

Betriebsgewöhnliche ND: $\frac{100}{25} = 4$ Jahre

bd) Kumulierte AfA: (4400 − 2200) + 1100 = 3300,00 EUR

be) Bisherige Abschreibung insgesamt: $\frac{3300 \cdot 100}{4400} = 75\,\%$

21 Wird eine Anlage über mehrere Jahre genutzt, müssen die Anschaffungskosten auf diese Nutzungsjahre verteilt werden.
Die Verteilung hängt von der AfA-Methode ab:

- bei linearer AfA erfolgt die Verteilung gleichmäßig auf die Jahre der Nutzung,
- bei geometrisch-degressiver AfA wird der höhere Werteverlust einer Anlage in den ersten Nutzungsjahren wegen technischer Überholung in höheren AfA-Beträgen berücksichtigt.

22 Mit der AfA wird die geschätzte Wertminderung als Aufwand erfasst. Dieser Aufwand wird im Einzelhandel in die Preise der Waren einkalkuliert. Somit werden die Anschaffungskosten nach und nach über den Verkauf der Waren hereingeholt und refinanziert.

23 a) aa) Anschaffungswert: 49920,00 EUR

ab) AfA-Satz: $\frac{100}{8} = 12{,}5\,\%$

AfA 1: 49920 × 12,5 % = 6240,00 EUR

ac) Buchwert nach dem 1 Jahr: 49920 − 6240 = 43680,00 EUR

b)

ba) Fuhrpark	49920,00		
Vorsteuer	7987,20	an Verbindlichkeiten a. LL	57907,20
bb) Abschreibungen auf Anlagen	6240,00	an Fuhrpark	6240,00
bc) GuV	6240,00	an Abschreibungen auf Anlagen	6240,00
bd) SBK	43680,00	an Fuhrpark	43680,00

24 Anschaffungskosten von Anlagen

Aufgabe: Erläutern Sie die Zusammensetzung der Anschaffungskosten von Anlagen.

Lösung: Unter Anschaffungskosten ist der Wert eines Anlagegutes zu verstehen, den das Einzelhandelsunternehmen aufwenden muss, um das Anlagegut zu beschaffen und um es in einen betriebsbereiten Zustand zu bringen. Dazu gehören auch die Anschaffungsnebenkosten wie Transportkosten, Fundamentierungskosten und Montagekosten. Anschaffungskostenminderungen wie Rabatt und Skonto sind von den Anschaffungskosten abzusetzen. Keine Anschaffungskosten sind die absetzbare Vorsteuer und die Kosten der Geldbeschaffung.

Anschaffungsnebenkosten

Aufgabe: Was verstehen Sie unter Anschaffungsnebenkosten?

Lösung: Anschaffungsnebenkosten sind Kosten, die bei der Beschaffung oder nach der Beschaffung zur Versetzung in den betriebsbereiten Zustand anfallen.

- Anschaffungsnebenkosten bei der Beschaffung:
  - Transportkosten wie Überführungskosten, Transportversicherung, Transportverpackung
- Anschaffungsnebenkosten nach der Beschaffung:
  - Fundamentierungskosten zur Verankerung von Anlagen und
  - Montagekosten zum Aufbau, zum Anschluss und zur Kontrollabnahme (z. B. TÜV) von Anlagen.

Abschreibungsursachen
Aufgabe: Nennen Sie wichtige Ursachen der Abschreibung.
Lösung: Abnutzbare Anlagen unterliegen einem Werteverfall. Hauptursache dieses Werteverfalls sind technischer Verschleiß, ruhender Verschleiß, technische Überholung, Katastrophenverschleiß. Der Werteverfall wird von Jahr zu Jahr mittels Abschreibungen erfasst.

Abschreibungen
Aufgabe: Was verstehen Sie unter Abschreibungen?
Lösung: Unter Abschreibungen versteht man die buchmäßige Erfassung der Wertminderung des Anlagevermögens. Dadurch werden die Anschaffungskosten nach und nach als Aufwand erfasst und auf die Jahre der Nutzung verteilt.

Abnutzbares Anlagevermögen
Aufgabe: Was verstehen Sie unter abnutzbarem Anlagevermögen?
Lösung: Abnutzbares Anlagevermögen umfasst Anlagegüter, deren Nutzung zeitlich begrenzt ist. Sie unterliegen einem ständigen Werteverfall und müssen von Zeit zu Zeit durch neue Anlagegüter ersetzt werden.

Abschreibungsplan
Aufgabe: Was verstehen Sie unter einem Abschreibungsplan?
Lösung: Für jedes abnutzbare Anlagegut ist ein Abschreibungsplan zu erstellen, der alle Daten enthält, die für die Berechnung der Abschreibung wichtig sind. Dazu gehören die Bezeichnung des Anlagegutes, der Tag der Anschaffung, die Höhe der Anschaffungskosten, die voraussichtliche Nutzungsdauer und die Abschreibungsmethode.

AfA-Tabelle
Aufgabe: Erläutern Sie die Bedeutung von AfA-Tabellen.
Lösung: Die AfA-Tabellen enthalten verbindliche Angaben zur Nutzungsdauer von abnutzbaren Anlagen, anhand derer die Abschreibungssätze für die lineare und für die degressive Abschreibung ermittelt werden können. Diese Tabellen werden vom Bundesfinanzministerium und dem Bundeswirtschaftsministerium in Kooperation mit den Wirtschaftsverbänden erstellt.

Anlagendatei
Aufgabe: Was verstehen Sie unter einer Anlagendatei?
Lösung: Für jedes Wirtschaftsgut des Anlagevermögens ist eine eigene Anlagendatei mit den für die Abschreibung notwendigen Daten (siehe Abschreibungsplan) anzulegen. Aufgrund dieser Daten im Kopf der Datei können die Eintragungen wie Zugang, Abgang, Abschreibung, Bestand erfasst werden.

Abschreibungsmethoden
Aufgabe: Nennen Sie die wichtigsten Abschreibungsmethoden.
Lösung: Zu unterscheiden sind lineare Abschreibung (siehe dort) und geometrisch-degressive Abschreibung (siehe dort).

Lineare Abschreibung
Aufgabe: Erläutern Sie die lineare Abschreibung.
Lösung: Es handelt sich um die gleich bleibende Abschreibung von den Anschaffungskosten. Die Anschaffungskosten werden gleichmäßig auf die Jahre der Nutzung verteilt. Am Ende der Nutzungsdauer wird der Wert null erreicht. Es wird unterstellt, dass die Abnutzung der Anlage von Jahr zu Jahr gleich hoch ist.

Geometrisch-degressive Abschreibung
Aufgabe: Erläutern Sie die geometrisch-degressive Abschreibung.
Lösung: Dies ist die Abschreibung mit gleich bleibendem Prozentsatz vom Buchwert (siehe dort). Dadurch nimmt der Abschreibungsbetrag von Jahr zu Jahr ab. Diese Methode unterstellt am Anfang der Nutzungsdauer einen höheren Werteverfall als in den Folgejahren. Der Abschreibungsaufwand wird von Jahr zu Jahr kleiner, der Nullwert wird in der geschätzten Nutzungsdauer nicht erreicht.
Der Abschreibungssatz ist zurzeit begrenzt auf:
1. das Doppelte des linearen Abschreibungssatzes,
2. höchstens jedoch 20 %.

Buchwert
Aufgabe: Was verstehen Sie unter dem Buchwert?
Lösung: Nach Abschreibung wird der Wert der Anlage in der Buchführung ausgewiesen. Dieser Buchwert muss jedoch nicht mit dem tatsächlichen Wert beim Verkauf oder dem Inventurwert zum Ende des Jahres übereinstimmen.

Erinnerungswert
Aufgabe: Was ist ein Erinnerungswert?
Lösung: Abnutzbare Anlagegüter, die nach der geschätzten Nutzungsdauer noch im Betrieb genutzt werden, werden im Inventar noch mit 1,00 EUR (Erinnerungswert) erfasst.

Geringwertige Wirtschaftsgüter des Anlagevermögens
Aufgabe: Was sind geringwertige Wirtschaftsgüter des Anlagevermögens?
Lösung: Dies sind abnutzbare und selbstständig nutzbare Wirtschaftsgüter des Anlagevermögens mit einem Anschaffungswert bis 410,00 EUR.
Sie dürfen bereits im Jahr der Anschaffung voll abgeschrieben werden oder ihre Abschreibung kann über die Jahre der Nutzung verteilt werden. Mit diesem Bewertungswahlrecht will der Gesetzgeber die Bewertungsproblematik im Rahmen der jährlichen Inventur reduzieren bzw. vereinfachen.

Abschreibungsauswirkung
Aufgabe: Welche Auswirkung hat die Abschreibung in der Bilanz, in der Gewinn- und Verlustrechnung und in der Kalkulation?
Lösung:
- **In der Bilanz:** Wertminderung des Anlagevermögens (jährliche Korrektur des Vermögens);
- **In der GuV-Rechnung:** Aufwandserhöhung und Gewinnschmälerung, Steuerersparnis;
- **In der Kalkulation:** Abschreibungen werden als Teil der Handlungskosten einkalkuliert. Über die Umsatzerlöse werden sie zur Refinanzierung der Anschaffungskosten wieder hereingeholt.

25 Individuelle Lösungen.

26 Abschreibungen führen zur Senkung des Gewinns (Aussage 1).

4 Kosten und Leistungen berechnen

4.1 Externes und internes Rechnungswesen

Lehrbuch Seite 83

Handlungssituation
- Aufbereitete GuV-Rechnungen des Geschäftsjahres und des Vorjahres

	2004		2003		Abweichungen			2004		2003		Abweichungen	
	EUR	%	EUR	%	EUR	%		EUR	%	EUR	%	EUR	%
Aufwendungen für Waren	4556000,00	59,3	4340000,00	59,8	+ 216000,00	+ 5,0	Umsatzerlöse für Waren	7688250,00	100,0	7256000,00	100,0	+ 432250,00	+ 6,0
Personalaufwendungen	1980000,00	25,8	1910000,00	26,3	+ 70000,00	+ 3,7							
Mieten	60000,00	0,8	60000,00	0,8	0,00	0,0							
Aufwendungen für Energie	54000,00	0,7	55000,00	0,8	− 1000,00	− 1,8							
Werbung	75000,00	1,0	110000,00	1,5	− 35000,00	− 31,8							
Büromaterial	24000,00	0,3	26000,00	0,4	− 2000,00	− 7,7							
Instandhaltung, Reinigung, Versich.	255600,00	3,3	164200,00	2,3	+ 91400,00	+ 55,7							
Steuern	285000,00	3,7	192000,00	2,6	+ 93000,00	+ 48,4							
Gewinn	398650,00	5,2	398800,00	5,5	− 150,00	0,0							
	7688250,00	100,0	7256000,00	100,0				7688250,00	100,0	7256000,00	100,0		

Ursachen der Abweichungen:

Aufwendungen für Waren	Mehreinsatz, Warenverteuerung, unregelmäßiger Verbrauch (Verderb, Diebstahl)
Personalaufwendungen	Lohn- und Gehaltserhöhung, Neueinstellung, Umstellung des Vertriebssystems
Aufwendungen für Energie	Einsparung oder Preissenkung
Werbung	Weniger Werbung, weil das bekannte Sortiment keine Veränderung erfahren hat.
Büromaterial	Einsparung oder geringerer Verbrauch durch Umstellung auf Datenverarbeitung
Instandhaltung, Reinigung, Versicherungen	Reparaturen wegen besonderer Schadensfälle
Steuern	Eventuell Nachzahlungen für Vorjahre
Gewinn	Der Gewinn ist trotz Umsatzsteigerung gleich geblieben, weil die Kosten im gleichen Verhältnis zu den Umsatzerlösen gestiegen sind.
Umsatzerlöse für Waren	Umsatzsteigerung, Preiserhöhung

- Die Skizze zeigt, dass der Gewinn einerseits von den Kosten, andererseits vom Umsatz beeinflusst wird. Die Kosten setzen sich aus dem Wareneinsatz und den Handlungskosten zusammen. Denkbar ist also, dass gegenüber dem Vorjahr die Einkaufspreise oder die Handlungskosten gestiegen oder gefallen sind. Die Entwicklung der Einkaufspreise kann artikel- und damit warengruppenbezogen exakt verfolgt werden. Die Handlungskostenarten dagegen fallen für alle Artikel des Sortiments und damit für alle Warengruppen gemeinsam an. Ihr Anteil sowie ihre Veränderungen sind weder einzelnen Warengruppen noch einzelnen Artikeln exakt zurechenbar. Der Umsatz wird andererseits von dem Verkaufserlös der vier Warengruppen bestimmt. Die Umsatzerlöse jedes Artikels werden beeinflusst durch die Absatzmenge und den Verkaufspreis. Hier liegen auch die Abweichungen gegenüber dem Vorjahr begründet.

Lehrbuch Seite 88 f.

1

Stufen der KLR	Aufgaben
Kostenartenrechnung	Erfassung und Gliederung der Kosten
Kostenstellenrechnung	Verteilung der Kosten auf die Kostenstellen des Betriebes, in denen sie verursacht wurden
Kostenträgerrechnung	Verteilung der Kosten auf die Kostenträger (Artikel, Zeiträume)

2 Die GuV-Rechnung liefert Informationen über die Erfolgsquellen und den Erfolg der Unternehmung. Sie erteilt jedoch keine Auskunft über die Wirtschaftlichkeit des Betriebes, weil ein Teil der Aufwendungen und Erträge nicht durch das Sachziel „Vertrieb von Elektroartikeln" verursacht worden ist. Darüber hinaus liefert die GuV-Rechnung keine Informationen über die Wirtschaftlichkeit einzelner betrieblicher Teilbereiche (Abteilungen, Arbeitsplätze) und einzelner Warengruppen oder Artikel, weil dazu eine entsprechende Aufgliederung der Kostenarten notwendig ist, die im GuV-Konto in einer Summe ausgewiesen werden.

3 1. **Ursachen des Gewinnrückgangs**
Gewinnrückgang kann einerseits durch steigende Kosten (Wareneinsatz, Handlungskosten) und andererseits durch rückläufige Umsätze in den einzelnen Sortimentsbereichen und Warengruppen verursacht werden.

2. **Maßnahmen zur Gewinnverbesserung**
Individuelle Lösung.

4 Die Aussagen betreffen das Gesamtunternehmen, weil die Summe der Erträge der Summe der Aufwendungen gegenübergestellt wird. Stärken und Schwächen (Abteilungen/Warengruppen, Artikel) werden nicht erkannt.

5 a) und b)
Aufbereitete GuV-Rechnungen der beiden letzten Quartale

	1. Quartal	2. Quartal	Abweichungen			1. Quartal	2. Quartal	Abweichungen	
	EUR	EUR	EUR	%		EUR	EUR	EUR	%
Aufwendungen für Waren	535000,00	588000,00	+ 53000,00	+ 9,9	Umsatzerlöse	2024000,00	1884000,00	– 140000,00	– 6,9
Fremdinstandhaltung, Entsorgung, Reinigung	91000,00	102800,00	+ 11800,00	+ 13,0					
Personalkosten	932000,00	924500,00	– 7500,00	– 0,8					
Abschreibungen	85100,00	88600,00	+ 3500,00	+ 4,1					
Mieten, Beratungskosten	94200,00	106400,00	+ 12200,00	+ 13,0					
Büromaterial, Postgebühren, Telefon, Werbung, Dekoration	85000,00	81900,00	+ 16900,00	+ 26,0					
Versicherungen, Beiträge zu Wirtschaftsverbänden	32700,00	29100,00	– 3600,00	– 11,0					
Betriebliche Steuern	25100,00	26500,00	+ 1400,00	+ 5,6					
Zinsaufwendungen	16800,00	15400,00	– 1400,00	– 8,3					
Gewinn	147100,00	79200,00	226300,00	153,8					
	2024000,00	1884000,00				2024000,00	1884000,00		

c)

Aufwendungen für Waren	Mehreinsatz, Warenverteuerung, unregelmäßiger Verbrauch (Verderb, Diebstahl)
Fremdinstandhaltung, Entsorgung, Reinigung	Reparaturen wegen besonderer Schadensfälle, höhere Entsorgungskosten durch gesetzliche Vorschriften
Personalaufwendungen	geringfügig gefallen durch Personaleinsparung, Pensionierung
Abschreibungen	geringfügig gestiegen, auf höhere Abschreibungen neuer Anlagen zurückzuführen
Mieten, Beratungskosten	Die Steigerung kann in der zusätzlichen Nutzung von Beratungen oder in einer Mieterhöhung begründet sein.
Büromaterial, Postgebühren/ Telefon, Werbung, Dekoration	Im 2. Quartal gestiegen durch Änderung der Dekoration, durch besondere Werbemaßnahmen
Versicherungen, Beiträge zu Wirtschaftsverbänden	Rückläufig durch Austritt aus einem Verband, neue Verhandlungen mit dem Versicherungsgeber
Betriebliche Steuern	Die geringfügige Steigerung kann auf erhöhte Gewerbesteuer, Änderung der Kfz-Steuer u. a. zurückzuführen sein.
Zinsaufwendungen	Ihre Verringerung kann auf Tilgungen schließen lassen.
Verlust	Hauptursache der Abweichung ist eine Vergrößerung des Wareneinsatzes bei gleichzeitigem Rückgang des Umsatzes.
Umsatzerlöse für Waren	Umsatzerlöse sind gefallen. Das kann in der Jahreszeit begründet sein, im Sortimentswechsel u. Ä.

d) Die GuV-Rechnung liefert Informationen über die Erfolgsquellen und den Erfolg der Unternehmung. Sie erteilt jedoch keine Auskunft über die Wirtschaftlichkeit des Betriebes. Darüber hinaus liefert die GuV-Rechnung keine Informationen über die Wirtschaftlichkeit einzelner betrieblicher Teilbereiche (Abteilungen, Arbeitsplätze) und einzelner Warengruppen oder Artikel, weil dazu eine entsprechende Aufgliederung der Kostenarten notwendig ist, die im GuV-Konto in einer Summe ausgewiesen werden.

e) ■ Vergleich der Aufwandsarten von Jahr zu Jahr
■ Verteilung der Aufwendungen auf Kostenstellen und Kostenträger (Artikel)

6 a)

		Internes Rechnungswesen	**Externes Rechnungswesen**
a)	Aufgaben	■ Abbildung innerbetrieblicher Prozesse durch Erfassen der Kosten und Leistungen, ■ laufende Überprüfung der Wirtschaftlichkeit des Betriebsprozesses, ■ Berechnung von Bezugspreisen, Handlungskosten, Selbstkostenpreisen, Kosten einzelner Betriebsbereiche ■ Bereitstellung von Informationen zur Planung, Steuerung und Kontrolle	■ Abbildung finanzieller Vorgänge zwischen Einzelhandelsunternehmung und ihrer Umwelt (Lieferer, Kunden, Staat, Kapitalgeber, Mitarbeiter/-innen), ■ Erfassung von Ausgaben und Einnahmen bei Einkäufen und Verkäufen, ■ Darstellung finanzwirtschaftlicher Vorgänge wie Kapitalzuflüsse und Kapitalrückzahlungen, ■ Erstellung des Jahresabschlusses mit Bilanz und Gewinn- und Verlustrechnung
b)	Informationsgegenstände	Bilanz und Gewinn- und Verlustrechnung dienen der vergangenheitsorientierten Rechnungslegung.	Wirtschaftlichkeitskontrolle einzelner Abteilungen und Arbeitsplätze (Kostenstellen) und einzelner Warengruppen und Artikel
c)	Informationsempfänger	Kapitalgeber, Mitarbeiter/-innen, Lieferer, Kunden, Staat und Unternehmensleitung	leitende und ausführende Mitarbeiter/-innen

7 a) Die Wirtschaftlichkeit ergibt sich aus der Gegenüberstellung von Umsatzerlösen und Kosten. Da ein Teil der Kosten, nämlich die Handlungskosten, einzelnen Warengruppen nicht exakt zugerechnet werden können, ist die Wirtschaftlichkeitsberechnung einzelner Artikel sehr schwierig.

b) Aufgabe der Kostenrechnung ist es, die Kosten und Leistungen zu erfassen, die Kosten dann für Zwecke der Zurechnung zu gliedern und die Zurechnung sortimentsgruppen- oder artikelgenau durchzuführen. Für die Zurechnung auf die Artikel bedient sich die Kostenrechnung neben der Kostenartenrechnung der Kostenstellenrechnung.

8 **Externes Rechnungswesen**
Aufgabe: Was verstehen Sie unter „externem Rechnungswesen"?
Lösung: Gemeint ist die Finanzbuchhaltung, die alle Vorgänge finanzieller Art zwischen der Einzelhandelsunternehmung und ihrer Umwelt abbildet und dabei Ausgaben und Einnahmen, Kapitalzuflüsse und Kapitaltilgungen erfasst.

Internes Rechnungswesen
Aufgabe: Was verstehen Sie unter „internem Rechnungswesen"?
Lösung: Gemeint ist die Kosten- und Leistungsrechnung, die innerbetriebliche Prozesse abbildet und den Werteverzehr des Betriebes erfasst, für Zwecke der Weiterverrechnung gliedert und den Artikeln und Warengruppen zurechnet zur Überprüfung der jeweiligen Wirtschaftlichkeit.

Kernprozess
Aufgabe: Was verstehen Sie unter dem Kernprozess der Einzelhandelsunternehmung?
Lösung: Der Kernprozess der Einzelhandelsunternehmung ist der Logistikprozess von Einkauf, Lagerung und Verkauf der Waren und Leistungen.

Unterstützungsprozess
Aufgabe: Was verstehen Sie unter Unterstützungsprozessen im Einzelhandel?
Lösung: Unterstützungsprozesse unterstützen den Kernprozess mit Informationen, die für Zwecke der Steuerung und Kontrolle notwendig sind. Typische Unterstützungsprozesse des Logistikprozesses sind die Prozesse im Rechnungswesen, die Finanzierungsprozesse, personalwirtschaftliche Prozesse.

Aufgaben der KLR
Aufgabe: Erläutern Sie die Aufgaben der Kosten- und Leistungsrechnung.
Lösung: Die Kosten- und Leistungsrechnung hat zu untersuchen,
■ welche Kosten durch Beschaffung, Lagerung, Absatz und Verwaltung verursacht wurden,
■ wo, d.h. in welchen Bereichen, die Kosten verursacht wurden und
■ welche Artikel diese Kosten verursacht haben und daher tragen müssen.

Kostenartenrechnung
Aufgabe: Erläutern Sie die Aufgaben der Kostenartenrechnung.
Lösung: Die Kostenartenrechnung erfasst alle Kosten, die durch Beschaffung (Bezugspreise), Lagerung (Pflege, Sicherung, Personalkosten), Absatz (Verpackung, Werbung, Warenzustellung, Gehälter) und Verwaltung (Bürokosten, Gehälter) verursacht werden. Nach der Erfassung gliedert sie die Kosten nach ihrer Zurechenbarkeit in Einzel- und Gemeinkosten und nach ihren Veränderungen bei Beschäftigunsschwankungen in fixe und variable Kosten.

Kostenstellenrechnung
Aufgabe: Erläutern Sie die Aufgaben der Kostenstellenrechnung.
Lösung: Die Kostenstellenrechnung verteilt die Kosten auf Betriebsbereiche (Kostenstellen) und stellt somit einen Bezug zu den verantwortlichen Personen her.

Kostenträgerrechnung
Aufgabe: Erläutern Sie die Aufgaben der Kostenträgerrechnung.
Lösung: Die Kostenträgerrechnung verteilt die Kosten auf die Warengruppen und Artikel und liefert somit die Grundlage für die Wirtschaftlichkeitskontrolle einzelner Warengruppen und für die Kalkulation der einzelnen Artikel.

Kosten
Aufgabe: Geben Sie eine knappe Definition der Kosten.
Lösung: Als Kosten bezeichnet man den Werteverzehr an Produktionsfaktoren durch die Betriebstätigkeit in einer Rechnungsperiode wie Wareneinsatz, Löhne/Gehälter, Abschreibungen, Bürokosten u. a.

Leistungen
Aufgabe: Geben Sie eine knappe Definition der Leistungen.
Lösung: Unter Leistungen versteht man den Wertezuwachs durch die Tätigkeit des Betriebes in einer Rechnungsperiode. Hauptleistung des Handelsbetriebs sind die Umsatzerlöse aus dem Verkauf von Waren und Dienstleistungen.

4.2 Gliederung der Kostenarten

Lehrbuch Seite 89 f.

Handlungssituation
- Nein, nur die Umsätze können dem WWS entnommen werden, nicht die anteiligen Kosten.
- Frau Mars wünscht eine Übersicht über die Wirtschaftlichkeit der einzelnen Warengruppen und über die darin angebotenen Artikel haben, um Stärken und Schwächen zu erkennen.

Lehrbuch Seite 95 f.

1 a) **Einzelkosten**: 2, 5, 8, 9, 11
b) **Gemeinkosten**: 1, 3, 4, 6, 7, 10, 12
c) **Fixe Kosten**: 1, 3, 4, 6, 7, 10
d) **Variable Kosten**: 2, 5, 8, 9, 11, 12

2 a) **Einzelkosten**: Wareneinsatz, berechnete Leihverpackung, berechnete Zustellgebühr, Verkaufsprovision
b) **Gemeinkosten**: Gehälter, Miete, Sachkosten für Geschäftsräume, betriebliche Steuern, Werbe- und Reisekosten, Abschreibungen
c) **Fixe Kosten**: Miete/Mietwert, Kfz-Steuer, Kfz-Versicherung, Abschreibungen
d) **Variable Kosten**: Wareneinsatz, Verkaufsprovision, Verpackungsmaterial, Benzin für Geschäftswagen.
e) **Externe Kosten**: gesellschaftliche Kosten wie Kosten aufgrund von Gesundheitsschäden durch Lösungsmittel, Farbstoffe, Konservierungsstoffe, Kosten aufgrund der Klimabelastung, Verschmutzung der Atmosphäre durch Entsorgung von Verpackungen u. a.
f) **Interne Kosten**: alle im Betrieb verursachten und für Zwecke der Kalkulation erfassten Kosten – siehe a) bis d).

3 **Fixe Kosten**: a, c, e, f
Variable Kosten: b, d

4 a)

	1	2	3	4	5
aa) Flächenproduktivität	4489,60	4582,40	5900,00	4820,00	5250,00
ab) Verkäufer/-innen-produktivität	187066,67	190933,33	245833,33	241000,00	262500,00

Sieht man von einem Einbruch der Flächen- und Verkäufer/-innenproduktivität im 4. Jahr ab, ist eine kontinuierliche Verbesserung festzustellen.
Die Erweiterung der Verkaufsfläche um 20 % im 5. Jahr hat – vielleicht durch eine Sortimentserweiterung bedingt – sowohl zur Steigerung der Flächenproduktivität als auch der Verkäufer/-innenproduktivität um über 10 % geführt.

b)

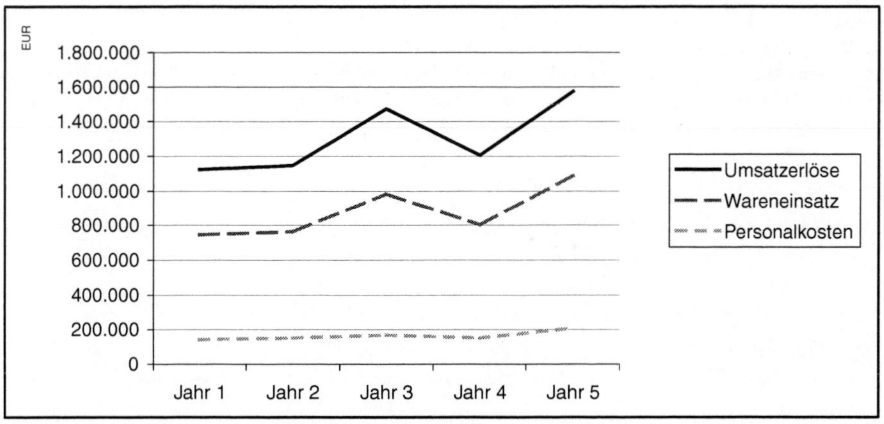

Aus der Grafik geht die Entwicklung der Umsatzerlöse und der bedeutendsten Kosten des Einzelhandels – Wareneinsatz und Personalkosten – hervor. Die Kurve der Personalkosten deutet eine langsame, aber stetige Steigung bzw. Erhöhung der Personalkosten an. Die Kosten des Wareneinsatzes waren in den ersten beiden Jahren fast konstant, im dritten sind sie stark gestiegen und dann wieder gefallen; wahrscheinlich ist dies auf Gegenmaßnahmen zurückzuführen, wie z. B. Verhandlungen mit Lieferern. Seit dem 4. Jahr steigen sie jedoch sehr stark an. Der Verlauf der Umsatzerlöskurve ist ein Spiegelbild der Wareneinsatzkurve auf höherem Niveau. Offenbar wurden die erhöhten Einkaufskosten in die Verkaufspreise einkalkuliert und an die Kunden weitergegeben. Das spricht für eine starke Marktstellung.

c)

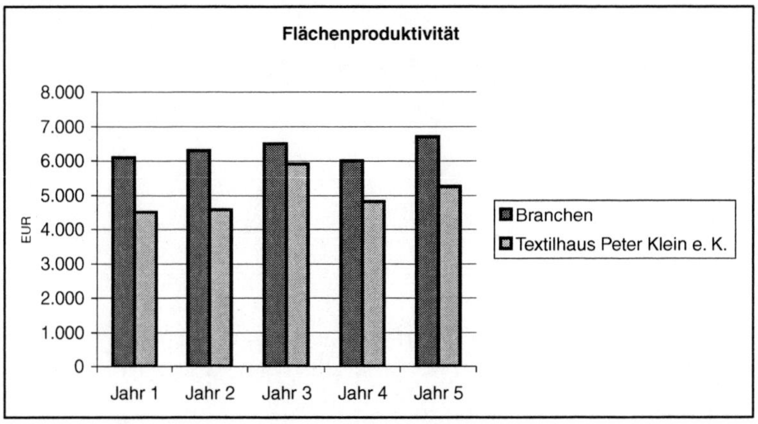

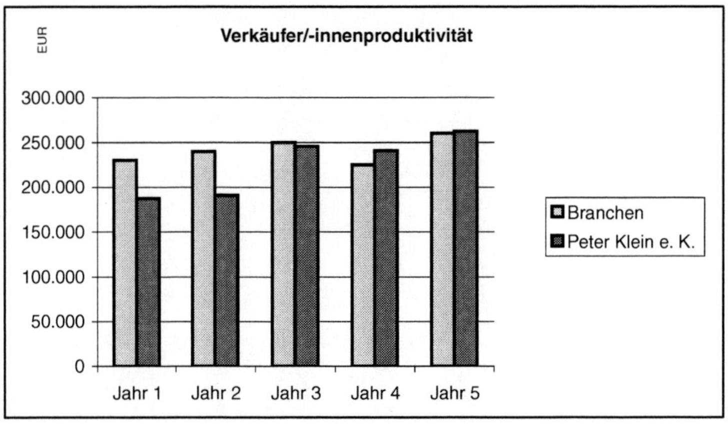

Erläuterung der Abweichungen: Die Verkaufsflächenproduktivität des Textilhauses Peter Klein e. K. liegt unter der der Branche, allerdings mit Trend zur Verbesserung. Hier muss untersucht werden, was die Branche anders macht.

Die Verkäufer/-innenproduktivität ist in den letzten drei Jahren im Textilhaus Peter Klein e. K. stark gestiegen und übertrifft in den beiden letzten Jahren die Ergebnisse der Branche.

5 Gemeinkosten

Aufgabe: Was sind Gemeinkosten?

Lösung: Gemeinkosten werden durch alle Warengruppen und Artikel oder durch den gesamten Betrieb verursacht. Sie sind deshalb einzelnen Artikeln nicht zurechenbar.

Einzelkosten

Aufgabe: Was sind Einzelkosten?

Lösung: Einzelkosten sind Kosten, die nur entstehen, wenn ein Artikel gekauft oder verkauft wird. Typische Einzelkosten im Einzelhandel sind die Kosten des Wareneinsatzes einschließlich der Verpackung und eventueller Zustellkosten zum Kunden. Sie können jedem Artikel exakt zugerechnet werden.

Variable Kosten
Aufgabe: Was sind variable Kosten?
Lösung: Variable Kosten sind abhängig von jeder zusätzlichen Verkaufseinheit, d.h., je mehr verkauft wird, desto höher sind die variablen Kosten und je weniger verkauft wird, desto niedriger sind sie. Sie sind also beschäftigungsabhängig.

Fixe Kosten
Aufgabe: Was sind fixe Kosten?
Lösung: Fixe Gesamtkosten sind bei einer vorgegebenen Kapazität grundsätzlich konstant, d.h. beschäftigungsunabhängig. Pro Stück verlaufen sie jedoch degressiv, weil sie auf eine größere Absatzmenge verteilt werden.

Proportionale Kosten
Aufgabe: Was sind proportionale Kosten?
Lösung: Proportionale Kosten sind variable Kosten, deren Höhe sich im gleichen Maße verändert wie die Beschäftigung.

Degressive Kosten
Aufgabe: Was sind degressive Kosten?
Lösung: Mit zunehmender Beschäftigung nimmt der Steigungsgrad der Kosten ab, weil z.B. mit zunehmenden Einkaufsmengen Rabatte gewährt werden.

6 Diese Aussage geht von begrenzten Ressourcen der Erde aus. Um das Überleben heutiger und künftiger Generationen auf der Erde zu sichern, ist dennoch darauf zu achten, dass die gegenwärtigen Generationen mit natürlichen Ressourcen sparsam umgehen, indem grundsätzlich nachwachsende Ressourcen entnommen werden und nicht erneuerbare Ressourcen durch alternative Ressourcen ersetzt werden, die entwickelt werden müssen.

4.3 Verteilung der Kostenarten auf Kostenstellen mithilfe des Verteilungsrechnens

Lehrbuch Seite 96

Handlungssituation

- Die Handlungskosten sind letztlich den Warengruppen der Verkaufsabteilungen Weiße Ware, Braune Ware, Tonträger/Software und Neue Medien zuzurechnen.
- **Hauptkostenstellen** sind die nach Warengruppen gegliederten Verkaufsabteilungen. Sie müssen letztlich alle Kosten tragen.
  Hilfskostenstellen sind Funktionsbereiche des Einzelhandelsbetriebes, in denen Kosten anfallen, die mehrere oder alle Warengruppen gemeinsam betreffen (Gemeinkosten), wie Verwaltung, Marketing und Verkauf.
- **Miete:** m^2 der Funktionsbereiche
  Gehälter: nach Gehaltsliste
  Energie: nach m^3, nach Verbrauch laut Einzelzählern

Lehrbuch Seite 107 ff.

1

Abteilung	Anteile	Wert je Anteil	Verteilungsanteile
I	2	490,00	980,00
II	3	490,00	1470,00
III	4	490,00	1960,00
IV	2	490,00	980,00
V	1	490,00	490,00
	12	=	5880,00
	1	=	490,00

140 hl – 14000 l
1000 l – 420,00 EUR
14000 l – x   x = 5880,00 EUR

2

Abteilung	Verkaufsfläche in m^2	Anteile	Wert je Anteil in EUR	Verteilungsanteile in EUR
1	625	25	205,00	5125,00
2	525	21	205,00	4305,00
3	475	19	205,00	3895,00
4	450	18	205,00	3690,00
5	300	12	205,00	2460,00
		95	=	19475,00
		1	=	205,00

3

Filiale	Filialumsätze in EUR	Anteile	Wert je Anteil in EUR	Verteilungsanteile in EUR
I II III	560 000,00 840 000,00 280 000,00	2 3 1	10 010,00 10 010,00 10 010,00	20 020,00 30 030,00 10 010,00
		6 1	= =	60 060,00 10 010,00

4

Geschäft	Ladenfläche in m^2	Anteile	Wert je Anteil in EUR	Verteilungsanteile in EUR
A B C	100 60 50	10 6 5	30,00 30,00 30,00	300,00 180,00 150,00
		21 1	= =	630,00 30,00

5

Verkäufe-rin	Betriebszugehörig-keit	Anteile	Wert je Anteil in EUR	Verteilungsanteile in EUR
A B C	18 4 6	a) 9 2 3	247,50 247,50 247,50	b) 2 227,50 495,00 742,50
		14 1	= =	3 465,00 247,50

6

Verkäufer	Umsatz in EUR	Anteile	Wert je Anteil in EUR	Verteilungsanteile in EUR
A B C D	363 000,00 396 000,00 459 000,00 573 000,00	121 132 153 191	12,00 12,00 12,00 12,00	1 452,00 1 584,00 1 836,00 2 292,00
		597 1	= =	7 164,00 12,00

7

Artikel	Umsatz in EUR	Anteile	Wert je Anteil in EUR	Verteilungsanteile in EUR
A B C D	8 000,00 3 000,00 7 000,00 12 000,00	8 3 7 12	180,00 180,00 180,00 180,00	1 440,00 540,00 1 260,00 2 160,00
		30 1	= =	5 400,00 180,00

8

Einzelhändler	Bruchteil	Anteile	Wert je Anteil in EUR	Verteilungsanteile in EUR
A B C D	1/3 = 4/12 1/12 = 1/12 1/6 = 2/12 Rest = 5/12	4 1 2 5	102,00 102,00 102,00 102,00	5 680,00 2 170,00 4 340,00 10 850,00
		12 1	= =	26 040,00 2 170,00

9

Werbemaßnahmen	Bruchteil	Anteile	Wert je Anteil in EUR	Verteilungsanteile in EUR
Werbezugaben	1/4 = 10/40	10	500,00	5000,00
Anzeigen	1/5 = 8/40	8	500,00	400,00
Werbebriefe	3/8 = 15/40	15	500,00	7500,00
Sonstige Werbemaßnahmen	Rest = 7/40	7	500,00	3500,00
		40	=	20000,00
		1	=	500,00

10

Abteilungen	Anteile	Wert je Anteil in Euro	Verteilungsanteile in EUR
A	3/5 = 12/20	198,00	a) 2376,00
B	1/4 = 5/20	198,00	b) 990,00
C	Rest = 3/20	198,00	c) 594,00
	20	=	3960,00
	1	=	198,00

11

Verkäufer	Bezüge	a) Anteile	Wert je Anteil in EUR	b) Verteilungsanteile in EUR
A	2800,00	4	195,75	783,00
B	2100,00	3	195,75	587,25
C	700,00	1	195,75	195,75
		8	=	1566,00
		1	=	195,75

12

	Bruchteil	Anteile	Wert je Anteil in EUR	Verteilungsanteile in EUR
Inserate	1/4 = 15/60	15	350,00	5250,00
Prospekte	1/3 = 20/60	20	350,00	a) 7000,00
Handzettel	1/5 = 12/60	12	350,00	4200,00
Werbegeschenke	Rest = 13/60	13	350,00	b) 4550,00
		60	=	21000,00
		1	=	350,00

13

Gesellschafter	Flächenanteile	Fläche in m^2	Anteile	Wert je Anteil in EUR	b) Verteilungsanteile in EUR
A	1/2 = 10/20	2600	10	2600,00	26000,00
B	1/4 = 5/20	a) 1300	5	2600,00	13000,00
C	1/5 = 4/20	1040	4	2600,00	10400,00
D	Rest = 1/20	260	1	2600,00	2600,00
		5200	20	=	52000,00
			1	=	2600,00

14

Kostenarten	EUR	Verteilungsgrundlage/ Verteilungsschlüssel	Kostenstellen					Warengruppen		
			EDV	Einkauf	Lager	Verwaltung	Verkauf	A	B	C
Aufwendungen für Verpackung	14000,00	Schlüssel	0,00	0,00	0,00	0,00	10000,00	2500,00	1000,00	500,00
Aufwendungen für Energie	28009,00	m²	150,00	4200,00	9250,00	1350,00	6150,00	2250,00	2350,00	2309,00
Fremdinstandhaltung	17500,00	Reparaturstunden	800,00	1600,00	10000,00	1100,00	4000,00	0,00	0,00	0,00
Reinigung	35000,00	Schlüssel	1000,00	4000,00	8000,00	2000,00	4000,00	10000,00	3600,00	2400,00
Gehälter/Sozialaufwand	282996,00	Gehaltslisten	9000,00	31000,00	47996,00	27000,00	65000,00	48000,00	29000,00	26000,00
Abschreibungen	126005,00	Anlagenkartei	21361,00	14510,00	28482,00	15541,00	39824,00	2450,00	1400,00	2437,00
Mieten	105504,00	m²	6000,00	3600,00	36000,00	10800,00	37200,00	2400,00	5400,00	4104,00
Büromaterial	27999,00	Schlüssel	1647,00	4941,00	8235,00	3294,00	9882,00	0,00	0,00	0,00
Werbung	42000,00	Belege	0,00	0,00	0,00	6000,00	24000,00	4000,00	6000,00	2000,00
Betriebliche Steuern	20987,00	Schlüssel	1354,00	3385,00	6093,00	4739,00	5416,00	0,00	0,00	0,00
	700000,00		41312,00	67236,00	154056,00	71824,00	205472,00	71600,00	48750,00	39750,00
Verteilung EDV		Schlüssel	→	8262,40	10328,00	8262,40	7436,16	2891,84	1652,48	2478,72
				75498,40	164384,00	80086,40	212908,16	74491,84	50402,48	42228,72
Umlage Einkauf							→	28311,90	37749,20	9437,30
Umlage Lager							→	90411,20	41096,00	32876,80
Umlage Verwaltung							→	48051,84	16017,28	16017,28
Umlage Verkauf							→	63872,45	106454,08	42581,63
								305139,23	251719,04	143141,73

16 a)

	Berichtsjahr	Vorjahr	Abweichungen	
Umsatzerlöse für Waren	962172,00	957444,00	4728,00	+ 0,49
Wareneinsatz	445450,00	520350,00	− 74900,00	− 14,39
Handlungskosten:				
Personalkosten	259200,00	225600,00	33600,00	+ 14,89
Miete	32000,00	32000,00	0,00	0,00
Energie	10450,00	8670,00	1780,00	+ 20,53
Reinigung	6840,00	6260,00	580,00	+ 9,27
Bürokosten	3160,00	4200,00	− 1040,00	− 24,76
Werbung	27600,00	21470,00	6130,00	+ 28,55
Instandsetzungen	4450,00	3860,00	590,00	+ 15,28
Gewerbesteuer	12660,00	10150,00	2510,00	+ 24,73

b)

	Berichtsjahr	Vorjahr
ba) Handlungskostenzuschlagssatz	80 %	60 %
bb) Gewinnzuschlagssatz	20 %	15 %
bc) Wirtschaftlichkeit	1,2	1,15
bd) Verkaufsflächenproduktivität	1924,34 EUR	2127,65 EUR
be) Verkäufer/-innenproduktivität	160362,00 EUR	136777,71 EUR

c)
- Starke Reduzierung des Wareneinsatzes (von 54,3 % auf 46,3 % des Umsatzes)
- Erhöhung der Handlungskosten um 5 Prozentpunkte
- Verbesserung des Gewinns und der Wirtschaftlichkeit
- Verschlechterung der Verkaufsflächenproduktivität
- Verbesserung der Verkäufer/-innenproduktivität

d) **Ursachsen**: Bei annähernd gleichem Umsatz wurde ein Gewinn von 20 % der Selbstkosten gegenüber 15 % im Vorjahr erzielt. In erster Linie zurückzuführen ist dies auf einen wesentlich niedrigeren Wareneinsatz und auf eine stark verbesserte Verkäufer/-innenproduktivität.

Maßnahmen zur Verbesserung:
- Feststellung der Ursachen für die Steigerung der Handlungskosten
- Einleitung von Maßnahmen zu ihrer Senkung
- Verbesserung der Verkaufsflächenproduktivität

17 a)

Gemeinkosten	EUR	Schlüssel	Schuhe/ Lederwaren	Strickwaren
Gehälter	135700,00	Gehaltsliste	72400,00	63300,00
Mieten	24400,00	60:90	15616,00	8784,00
Reinigung	3140,00	472.117:254.217	2041,00	1099,00
Energie	2450,00	160:90	1568,00	882,00
Büromaterial	1240,00	Belege	810,00	430,00
Werbung/Dekoration	12804,00	472.117:254.217	8322,60	4481,40
Gewerbesteuer	5160,00	472.117:254.217	3354,00	1806,00
Sonstige Gemeinkosten	22630,00	472.117:254.217	14709,50	7920,50
	207524,00		118821,09	88702,91

b)

	Betrieb	Schuhe/Lederwaren	Strickwaren
ba) Handlungskostenzuschlagssatz	50 %	45,81 %	56,99 %
bb) Gewinn	103762,00 EUR	93890,91 EUR	9871,09 EUR
bc) Gewinnzuschlagssatz	16,67 %	24,82 %	4,04 %
bd) Wirtschaftlichkeit	1,17	1,25	1,04
be) Verkaufsflächenproduktivität	2905,34 EUR	2950,73 EUR	2824,63 EUR
bf) Verkäufer/-innenproduktivität	51881,00 EUR	78686,17 EUR	31777,13 EUR

c)

	Schuhe/Lederwaren	Strickwaren
Vergleich der beiden Abteilungen	■ erwirtschaftet 90 % des Gewinns ■ überdurchschnittliche Wirtschaftlichkeit und Produktivitäten	■ erwirtschaftet nur 10 % des Gewinns ■ schlechte Wirtschaftlichkeit und schlechte Produktivitäten
Maßnahmen	■ weitere Förderung der Warengruppen	■ kritische artikelbezogene Untersuchung dieser Warengruppe ■ Sortimentsbereinigung ■ Aufnahme einer weiteren Warengruppe

18 a)

	Planwerte	Istwerte	Abweichungen	
			EUR	%
Umsatzerlöse	628000,00	599960,00	− 28040,00	+ 4,46
Wareneinsatz	322000,00	204800,00	− 117200,00	+ 36,40
Handlungskosten:				
Personalkosten	134400,00	138620,00	4220,00	− 3,14
Miete	10000,00	9600,00	− 400,00	+ 4,00
Energie/Reinigung	2100,00	3160,00	1060,00	− 50,48
Bürokosten/Telefon	1500,00	1840,00	340,00	− 22,67
Instandsetzungen	1000,00	1350,00	350,00	− 35,00
Werbung	8000,00	9460,00	1460,00	− 18,25
Gewerbesteuer	4000,00	3600,00	− 400,00	+ 10,00
	161000,00	167630,00	6630,00	− 4,12

b) c)

	Plankalkulation		Nachkalkulation	
Wareneinsatz		322000,00 EUR		204800,00 EUR
Handlungskosten	50,0 %	161000,00 EUR	81,9 %	167630,00 EUR
Selbstkosten		483000,00 EUR		372430,00 EUR
Gewinn	30,0 %	145000,00 EUR	61,1 %	227530,00 EUR
Umsatzerlöse		628000,00 EUR		599960,00 EUR

d) ■ **Ursachsen:** Der Wareneinsatz ist rund 36 % niedriger als kalkuliert, während der Umsatz nur 4,5 % unter dem geplanten zurückblieb. Ursache könnte ein verbessertes Sortiment mit günstigeren Bezugspreisen sein. Die lediglich um 4 % gestiegenen Handlungskosten werden in der Nachkalkulation auf die vergleichsweise niedrige Zuschlagsbasis bezogen, was den relativ hohen Handlungskostenzuschlagssatz erklärt.

■ **Maßnahmen zur Verbesserung:** Die Veränderung ist nicht dramatisch. Die Handlungskosten sind zu beobachten, der Umsatz kann durch Weiterentwicklung im Einkauf und durch Werbung (allerdings Handlungskosten) erweitert werden.

19 Umsatzsteuer in diesem Quartal = 8000 + 7360 + 7680 = 23040,00 EUR

Bruttoumsatz in diesem Quartal $= \frac{23040 \cdot 116}{16} = 167040{,}00$ EUR

20 **Kostenstellengliederung**

Aufgabe: Erläutern Sie, nach welchen Gesichtspunkten die Kostenstellen gebildet werden.
Lösung: Nach Aufgaben- und Verantwortungsbereichen, nach Warengruppen

Hauptkostenstellen

Aufgabe: Was verstehen Sie unter Hauptkostenstellen im Einzelhandel?
Lösung: Hauptkostenstellen sind die nach Warengruppen gegliederten Verkaufsabteilungen. Sie übernehmen letztlich alle Kosten des Betriebes.

Hilfskostenstellen

Aufgabe: Was verstehen Sie unter Hilfskostenstellen im Einzelhandel?
Lösung: Weil die Gemeinkosten (siehe dort) nicht einzelnen Warengruppen direkt zurechenbar sind, bedient man sich so genannter Hilfskostenstellen, wie den Funktionsbereichen Einkauf/Lager, Marketing, Verkauf, Verwaltung. Mithilfe von Verteilungsschlüsseln werden sie dann anschließend auf die Hauptkostenstellen der Warengruppen umverteilt.

Gemeinkosten

Aufgabe: Was sind Gemeinkosten?
Lösung: Gemeinkosten sind Kosten, die für alle Artikel und Warengruppen gemeinsam entstehen.

Kostenstelleneinzelkosten
Aufgabe: Was sind Kostenstelleneinzelkosten?
Lösung: Dies sind Gemeinkosten, die bestimmten Kostenstellen aufgrund von Belegen oder Zähl- oder Messeinrichtungen eindeutig zugerechnet werden können.

Kostenstellengemeinkosten
Aufgabe: Was sind Kostenstellengemeinkosten?
Lösung: Dies sind Gemeinkosten, die einzelnen Kostenstellen nicht eindeutig zugerechnet werden können. Sie werden durch mehrere Kostenstellen gemeinsam verursacht; sie werden mithilfe von Schlüsseln auf die Kostenstellen umgelegt.

Verteilungsrechnen
Aufgabe: Was verstehen Sie unter Verteilungsrechnen in der Kostenrechnung?
Lösung: Verteilungsrechnen in der Kostenrechnung verteilt die Kosten nach vorgegebenen Schlüsseln oder zu ermittelnden Schlüsseln aufgrund von Verteilungsgrundlagen auf die Kostenstellen oder Kostenträger.

Verteilungsschlüssel
Aufgabe: Was ist ein Verteilungsschlüssel?
Lösung: Verteilungsschlüssel geben den Anteil an einer Verteilungsmenge oder -summe an.

Verteilungsgrundlage
Aufgabe: Was ist eine Verteilungsgrundlage?
Lösung: Verteilungsgrundlagen sind Mengen oder Wertangaben, die das Verhältnis der Verteilungsan-

Verteilungsgrundlage
Aufgabe: Was ist eine Verteilungsgrundlage?

Zeitvergleich
Aufgabe: Was ist ein Zeitvergleich?
Lösung: Der Zeitvergleich stellt Ergebnisse in regelmäßigen Zeitabständen gegenüber, um so die Entwicklung zu messen.

Betriebsvergleich
Aufgabe: Was ist ein Betriebsvergleich?
Lösung: Der Betriebsvergleich stellt Ergebnisse des eigenen Betriebes den Ergebnissen vergleichbarer Betriebe oder den Vergleichszahlen der Branche gegenüber, um so eigene Stärken oder Schwächen, die eigene Marktstellung zu erkennen.

Abteilungsvergleich
Aufgabe: Was ist ein Abteilungsvergleich?
Lösung: Der Abteilungsvergleich stellt die Ergebnisse verschiedener Abteilungen gegenüber, um Wirtschaftlichkeits- und Produktivitätskennzahlen zu bewerten.

Filialvergleich
Aufgabe: Was ist ein Filialenvergleich?
Lösung: Der Filialenvergleich stellt die Ergebnisse verschiedener Filialen eines Betriebes oder einer Kette gegenüber, um Wirtschaftlichkeit, Produktivität, Rentabilität und andere Kennziffern abzuleiten und zu beurteilen.

Soll-Ist-Vergleich
Aufgabe: Was ist ein Soll-Ist-Vergleich?
Lösung: Im Soll-Ist-Vergleich werden in regelmäßigen Abständen (Monat, Quartal, Jahr) Istzahlen ermittelt und Plan- bzw. Sollzahlen gegenübergestellt. Er wird genutzt, um Planabweichungen rechtzeitig zu erkennen, Ursachen der Abweichungen zu ermitteln und Gegenmaßnahmen zu organisieren und zu steuern.

Nachkalkulation
Aufgabe: Was verstehen Sie unter Nachkalkulation?
Lösung: Zu Beginn eines Geschäftsjahres oder bei der Abgabe von Angeboten wird eine Plankalkulation vorgenommen. Am Ende der Rechnungsperiode oder nach Einkäufen wird auf Grundlage der Istzahlen geprüft, ob die geplanten Kosten und Zuschlagssätze zutreffend waren. Liegen die Zahlen der Nachkalkulation höher als die der Plankalkulation, liegt eine Kostenunterdeckung vor. Sind die Zahlen der Plankalkulation größer als die der Istkalkulation, besteht eine Kostenüberdeckung.

Kostensenkungsmaßnahmen
Aufgabe: Wodurch werden Kostensenkungsmaßnahmen begründet?
Lösung: Kostensenkungsmaßnahmen werden durch Abweichen der Istkosten von den Plankosten begründet oder durch Abweichen der betrieblichen Ergebnisse gegenüber vergleichbaren Betrieben oder gegenüber der Branche. Maßnahmen sind im gesamten Logistikprozess von der Beschaffung über das Lager bis zum Verkauf und in den Unterstützungsprozessen der Verwaltung, Personalwirtschaft, Finanzierung, Rechnungswesen denkbar.

Externe Kosten
Aufgabe: Was versteht man unter externen Kosten?
Lösung: Externe Kosten sind Kosten, die außerhalb des Betriebes anfallen, aber vom Betrieb verursacht werden. Typisch hierfür sind Umweltkosten, die nicht vom Verursacher, sondern von der Allgemeinheit getragen werden (gesellschaftliche Kosten).

Interne Kosten
Aufgabe: Was sind interne Kosten?
Lösung: Interne Kosten sind im Betrieb verursachte, in der Kostenrechnung erfasste und in der Kalkulation kalkulierte Kosten. Hierzu zählen sämtliche Bezugskosten und die Handlungskosten.

Umweltkosten
Aufgabe: Was sind Umweltkosten?
Lösung: Umweltkosten sind Kosten, die durch Pflege und Bewahrung der natürlichen Umwelt, durch sparsamen Umgang mit Ressourcen, durch Entwicklung von alternativen Ressourcen oder umweltschonenden Techniken und durch Entsorgung und Wiederverwertung entstehen. Sie werden teilweise vom Betrieb erfasst und in die Kalkulation einbezogen (interne Kosten – siehe dort), teilweise werden sie von der Gesellschaft getragen (externe Kosten – siehe dort).

Nachhaltigkeit
Aufgabe: Was verstehen Sie unter Nachhaltigkeit?
Lösung: Weltweit wird ein Zielsystem entwickelt, die Tragfähigkeit der Erde für kommende Generationen zu erhalten. Bei der Wohlstandschaffung und Versorgung der jetzigen Generation ist die nachfolgende Generation einzubeziehen, indem nur nachwachsende, erneuerbare Ressourcen Verwendung finden oder für nicht erneuerbare Ressourcen künftige Alternativen entwickelt und bereitgestellt werden.

Internalisierung
Aufgabe: Was verstehen Sie unter Internalisierung?
Lösung: Externe Kosten, soweit sie bisher von der Gesellschaft getragen werden, sollen zunehmend vom Verursacher übernommen und in die betriebliche Kalkulation einbezogen werden. Dies wird im Rahmen der Umweltpolitik auf nationaler und internationaler Ebene durch Gesetze, Gebühren, Ordnungsstrafen, Steuern erreicht.

Kostenüberdeckung
Aufgabe: Was ist eine Kostenüberdeckung?
Lösung: Wird beim Soll-Ist-Vergleich ein Überhang der Soll- oder Plankosten gegenüber den Istkosten festgestellt, bedeutet das, dass die geplanten und in die Kalkulation einbezogenen Kosten größer sind als die tatsächlich entstandenen Istkosten. Es liegt eine Kostenüberdeckung vor.

Kostenunterdeckung
Aufgabe: Was ist eine Kostenunterdeckung?
Lösung: Wird beim Soll-Ist-Vergleich ein Überhang der Istkosten gegenüber den Soll- oder Plankosten festgestellt, bedeutet das, dass in die Kalkulation weniger Kosten berücksichtigt wurden, als tatsächlich entstanden sind. Das heißt, nicht alle entstandene Kosten wurden in die Preiskalkulation einbezogen. Es liegt eine Kostenunterdeckung vor.

4.4 Deckungsbeitragsrechnung

Lehrbuch Seite 112

Handlungssituation

- $\frac{(449 - 336{,}75) \cdot 100}{449} = 25\,\%$
- Der Auftrag lässt Folgeaufträge erwarten.
- Verzicht auf größere Teile der K_f, die ohnehin entstehen, egal ob die Fernseher verkauft oder nicht verkauft werden.
- Angebot zum Preis von höchstens 336,75 EUR, dazu Zusatzleistungen, um sich Präferenzen zu verschaffen, z. B. Frei-Haus-Lieferung, Anschluss, Programmeinstellung der Geräte und Bedienungsschulung.

Lehrbuch Seiten 119 ff.

1	Bruttoumsatz	347 750,00 EUR
	– 7 % Umsatzsteuer	22 750,00 EUR
	Nettoumsatz	325 000,00 EUR
	– Wareneinsatz	291 141,00 EUR
a)	Deckungsbeitrag	33 859,00 EUR
	– fixe Kosten	24 013,00 EUR
b)	Reingewinn	9 846,00 EUR

2	Bruttoumsatz	1 000 878,00 EUR
	– 7 % Umsatzsteuer	65 478,00 EUR
	Nettoumsatz	935 400,00 EUR
	– Wareneinsatz:	450 100,00 EUR
a)	Deckungsbeitrag	485 300,00 EUR
	– fixe Kosten	281 300,00 EUR
b)	Gewinn	204 000,00 EUR

3

	Lebensmittel	Frischkäse	Insgesamt
Nettoumsatz in EUR – variable Kosten	750 000,00 630 000,00	160 000,00 105 000,00	
Deckungsbeitrag I in EUR – fixe Kosten	a) 120 000,00 74 000,00	a) 55 000,00 35 000,00	b) 175 000,00 109 500,00
Deckungsbeitrag II in EUR K_f	46 000,00	20 000,00	66 000,00 45 500,00
Gewinn			20 500,00

c) Es ist nicht sinnvoll, die Abteilung Frischkäse zu schließen, da diese Abteilung einen im Verhältnis zum Nettoumsatz prozentual höheren Deckungsbeitrag als die Lebensmittelabteilung erbringt.

4

	Bruttoumsatz	2 378 000,00 EUR
	16 % Umsatzsteueranteil	328 000,00 EUR
	Nettoumsatz	2 050 000,00 EUR
	Wareneinsatz	1 538 500,00 EUR
a)	Deckungsbeitrag (Rohertrag)	511 500,00 EUR
	Handlungskosten	450 000,00 EUR
b)	Gewinn Lederwaren/Schuhe	61 500,00 EUR

5

	A	B	C
Verkaufspreis in EUR – k_v in EUR d_B in EUR DB in EUR	4,00 2,00 2,00 1 800,00	2,00 1,30 0,70 1 470,00	3,00 2,10 0,90 1 080,00

Förderung der Artikel in folgender Reihenfolge: A, B, C

6 a)
- **Rohgewinn in der Vollkostenrechnung:** Umsatzerlöse – Wareneinsatz
- **d^B in der Deckungsbeitragsrechnung:** Umsatzerlöse – variable Kosten
  Die variablen Kosten setzen sich aus dem Wareneinsatz und den variablen Handlungskosten zusammen.

b)
- **Gewinn in der Vollkostenrechnung:** Leistungen – Kosten
- **d^B in der Deckungsbeitragsrechnung:** Leistungen (Umatzerlöse) – variable Kosten
  Er ist ein Beitrag zur Deckung der K_f Nachdem alle K_f gedeckt sind, wird ein Gewinn erzielt.

7
- Niedrigere Konkurrenzpreise
- Einführung neuer Artikel
- Sonderangebote aus verschiedenen Anlässen
- Sonderveranstaltungen

8

	I	II	III	gesamt
Warenumsatz K_v	385 000,00 200 700,00	475 600,00 294 300,00	78 200,00 74 800,00	938 800,00 569 800,00
b) DB K_f	184 300,00	181 300,00	3 400,00	369 000,00 145 800,00
Betriebsergebnis				223 200,00

c) Das Betriebsergebnis würde in Höhe des Deckungsbeitrags der Warengruppe III schlechter ausfallen.

9 a) (1) **Deckungsbeitrag je Stück:**

Verkaufspreis	3,20
– k_v (55 000 : 50.000)	1,10
d_B	2,10

Deckungsbeitrag je Monat:

	Umsatz	160 000,00	
	– K_v	55 000,00	
	DB	105 000,00	= d_B Absatz
(2)	DB	105 000,00	
	K_f	84 000,00	
	Gewinn	21 000,00	

b) **Gewinnschwelle**:

$\frac{84000}{2{,}10} =$ 40000 Stück

c) **Umsatz an der Gewinnschwelle**:

40000 · 3,20 = 128000,00

Kosten an der Gewinnschwelle:

K_v: 40000 · 1,10	44000,00	
K_f	84000,00	128000,00

10 a) aa)

	Kinder-bekleidung	Damen-bekleidung	Sport- und Frei-zeitbekleidung	Herren-bekleidung
Umsatzerlöse	1560000,00	2890000,00	892000,00	2460000,00
Wareneinsatz	865000,00	1651000,00	695000,00	1230000,00
DB I	695000,00	1239000,00	197000,00	1230000,00
Abteilungs-K_f	135000,00	225000,00	200000,00	270000,00
DB II	560000,00	1014000,00	− 3000,00	960000,00
Etagen-K_f	355000,00		496000,00	
DB III	1219000,00		461000,00	
ab) Betriebs-K_f	580000,00			
Gewinn	1100000,00			

b) Wirtschaftlichkeit $\frac{1560000}{1000000} = 1{,}56$ $\frac{2890000}{1876000} = 1{,}54$ $\frac{892000}{895000} = 1$ $\frac{2460000}{1500000} = 1{,}64$

Ohne Einbeziehung der Etagen- und Betriebsfixkosten ist die Wirtschaftlichkeit bei Herrenbekleidung am höchsten, gefolgt von Kinder- und Damenbekleidung. Die Wirtschaftlichkeit der Sport- und Freizeitbekleidung liegt geringfügig unter 1, was andeutet, dass nicht einmal mehr die zurechenbaren Kosten gedeckt sind.

c) In diesem Falle bietet sich die Ausdehnung der Herrenbekleidungs- in den Sport- und Freizeitbekleidungsbereich an, weil beide im Erdgeschoss untergebracht sind. Allerdings ist vor einer solchen Maßnahme zu prüfen, ob eine Bereinigung oder eine Änderung des Sport- und Freizeitsortiments nicht auch zur Steigerung der Wirtschaftlichkeit beitragen kann. Dazu sind im Detail für jeden Artikel Wirtschaftlichkeitskennziffern zu ermitteln, z. B. Lagerkennziffern, Raum- und Personalproduktivität, um die Wirtschaftlichkeit des Betriebes zu steigern.

11

Artikel	Abgesetzte Menge Stück	Anteilige fixe Kosten EUR	Variable Kosten EUR	Gesamtkosten EUR	Variable Kosten je Stück EUR	Fixe Kosten je Stück EUR	Gesamtkosten je Stück EUR
Tische	3800	300000,00	980000,00	1280000,00	257,89	78,95	336,84
Stühle	6600	400000,00	1300000,00	1700000,00	196,97	60,61	257,58
Schränke	2800	300000,00	720000,00	1020000,00	257,14	107,14	364,28
Summen	13200	1000000,00	3000000,00	4000000,00			

12

	Kaffeeautomat	A	B	C	D
	Verkaufspreis	105,00	130,00	95,00	85,00
	− Bezugspreis	60,00	84,00	59,00	54,00
a)	Deckungsbeitrag je Stück	45,00	46,00	36,00	31,00
	Nettoumsatz	5250,00	3900,00	3800,00	5100,00
	− variable Kosten	3000,00	2520,00	2360,00	3240,00
b)	Deckungsbeitrag insgesamt	2250,00	1380,00	1440,00	1860,00
c)	Deckungsbeitrag für alle Kaffeemaschinen insgesamt	6930,00 EUR			
d)	Gewinn für alle Kaffeemaschinen	Deckungsbeitrag − fixe Kosten 6930 − 5400,00 = 1530,00 EUR			

13 a)

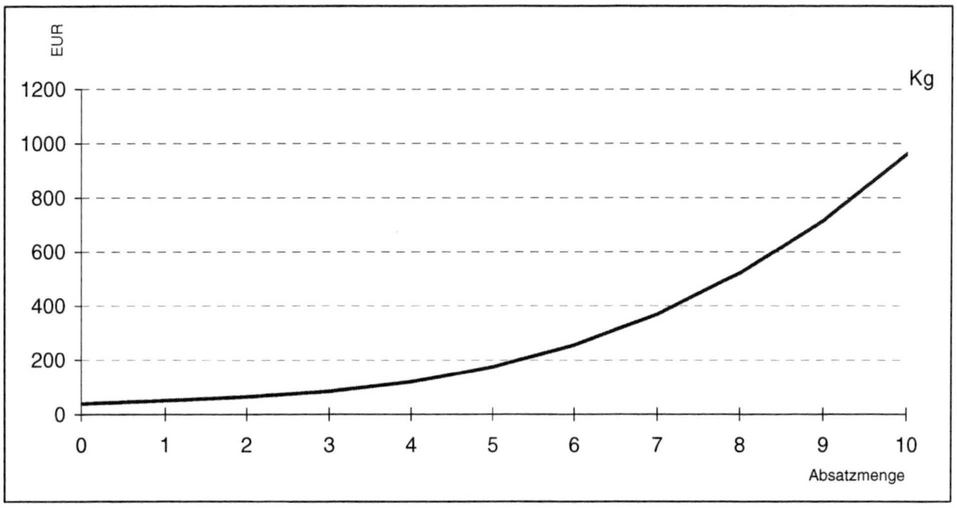

b) ba) und bb)

Absatzmenge	K_g	k_g	K_v	k_v
0	40	–	–	–
1	51	51	11	11
2	64	32	24	12
3	85	28,3	45	15
4	120	30	80	20
5	175	35	135	27
6	256	42,7	216	36
7	369	52,7	329	47
8	520	65	480	60
9	715	79,4	675	75
10	960	96	920	92

c)

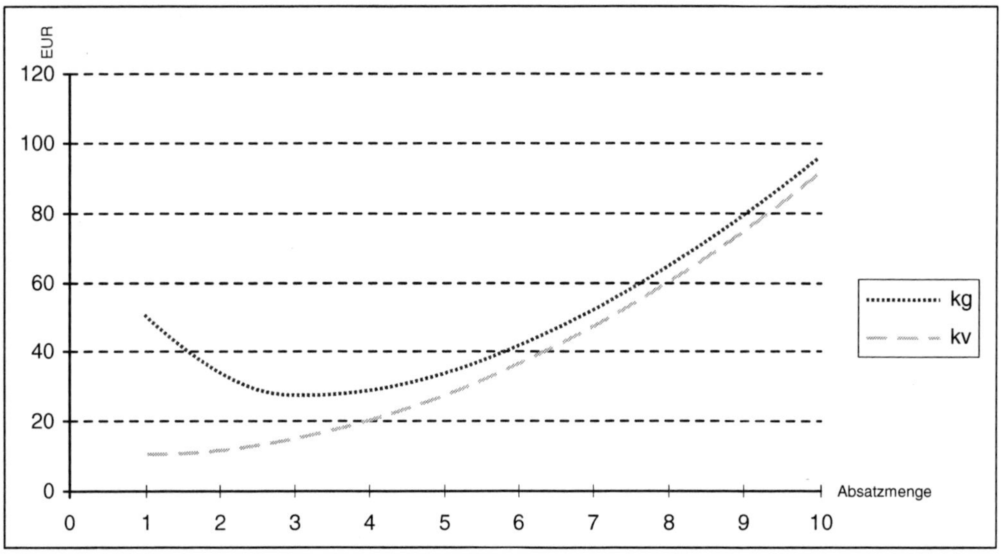

14 Folgende Sachwörter sollten in die Lernkartei aufgenommen werden: Vollkostenrechnung, Deckungsbeitragsrechnung als Teilkostenrechnung, Preisuntergrenze, Beschäftigungsgrad, direkte Kosten, Deckungsbeitrag, Gewinnschwelle, kritischer Punkt, kritische Menge, Break-even-Point, Verlustzone, Gewinnzone, Mischkalkulation, Ausgleichsnehmer, Ausgleichsgeber, gewinnmaximales Sortiment, stufenweise Deckungsbeitragsrechnung, Deckungsbeitragsrechnung als Kostenträgerstückrechnung, Deckungsbeitragsrechnung als Kostenträgerzeitrechnung.
Zu allen Begriffen sind Fragestellungen auf der Vorderseite der Karte und entsprechende Antworten auf der Rückseite der Karteikarte zu entwickeln: Individuelle Lösungen.

Wiederholung zum 11. Lernfeld: Geschäftsprozesse erfolgsorientiert steuern

Übungsaufgaben

Lehrbuch Seite 122 ff.

1 a) und b)

S	Geschäftsausstattung		H
EBK	112 000,00	SBK	112 000,00

S	Grundstück mit Gebäude		H
EBK	839 000,00	SBK	839 000,00

S	Forderungen a. LL		H
EBK	126 500,00	SBK	126 500,00

S	Bank		H
EBK	362 000,00	SBK	362 000,00

S	Eigenkapital		H
SBK	1 211 800,00	EBK	840 800,00
		GuV	371 000,00
	1 211 800,00		1 211 800,00

S	Verbindlichkeiten a. LL		H
EBK	227 700,00	SBK	227 700,00

S	GuV		H
Aufwendungen für Waren	2 007 000,00	Umsatzerlöse für Waren	4 692 000,00
Aufwendungen für Energie	284 000,00		
Gehälter	1 540 000,00		
Steuern	275 000,00		
Büromaterial	88 000,00		
Mieten	127 000,00		
Eigenkapital	371 000,00		
	4 692 000,00		4 692 000,00

S	SBK		H
Grundstücke mit Gebäude	839 000,00	Eigenkapital	1 211 800,00
Geschäftsausstattung	112 000,00	Verbindlichkeiten a. LL	227 700,00
Forderungen a. LL	126 500,00		
Bank	362 000,00		
	1 439 500,00		1 439 500,00

c) ca) Rohergebnis 2 685 000,00 EUR
cb) Handlungskostenzuschlag 115,3 %
cc) Gewinnzuschlagssatz 7,9 %

2 a)

	Grundstücke und Gebäude	12 800 TEUR
+	Fuhrpark	200 TEUR
+	Geschäftsausstattung	4 300 TEUR
	Anlagevermögen	17 300 TEUR

b)

	Kasse	24 TEUR
+	Forderungen a. LL	16 TEUR
+	Warenbestände	2 700 TEUR
+	Bankguthaben	9 200 TEUR
	Umlaufvermögen	14 940 TEUR

c)

	Darlehensschulden	2 200 TEUR
+	Verbindlichkeiten a. LL	9 900 TEUR
+	Bankschulden	8 800 TEUR
	Schulden	20 900 TEUR

d)

	Personalaufwand	8 500 TEUR
+	Mietaufwand	640 TEUR
+	Steuern	440 TEUR
+	Sonstige Aufwendungen	4 800 TEUR
	Handlungskosten	14 380 TEUR

e)

	Aufwendungen für Waren (Wareneinsatz)	25 140 TEUR
–	WBVÄ (Mehrung)	40 TEUR
	Wareneinsatz	25 100 TEUR

f)

Warenverkauf	45 000 TEUR
− Wareneinsatz	25 100 TEUR
Rohertrag	19 900 TEUR
− Handlungskosten	14 380 TEUR
Gewinn	5 520 TEUR

g)

Eigenkapital zum Ende des Geschäftsjahres	11 340 TEUR
− Gewinn	5 520 TEUR
Eigenkapital zu Beginn des Geschäftsjahres	5 820 TEUR

3 a)

	1. Quartal	2. Quartal	3. Quartal	4. Quartal	Jahr
Anfangsbestand in Stück	660	920	750	970	660
Einkäufe in Stück	1 500	1 500	1 500	1 500	6 000
Endbestand in Stück	920	750	970	360	360
Absatzmenge in Stück	1 240	1 670	1 280	2 110	6 300

b)

	1. Quartal	2. Quartal	3. Quartal	4. Quartal	Jahr	
Umsatz in EUR	2 405,60	3 239,80	2 483,20	4 093,40	122 222,00	ca)
Wareneinkäufe in EUR	1 020,00	1 020,00	1 020,00	1 020,00		
Bestandsveränderungen in EUR	176,80	115,60	149,60	414,80	4 284,00	cb)
Wareneinsatz in EUR	843,20	1 135,60	870,40	1 434,80		

d) 360 Stück à 0,68 EUR = 244,80 EUR

4 a) **Buchungssätze**

1. Aufwendungen für Waren	237 200,00		
Vorsteuer	37 952,00	an Verbindlichkeiten a. LL	275 152,00
2. Fuhrpark	34 400,00		
Vorsteuer	5 504,00	an Bank	39 904,00
3. Kasse	214 832,00	an Umsatzerlöse für Waren	185 200,00
		an Umsatzsteuer	29 632,00

b) **Umbuchungen**

Umsatzsteuer	29 632,00	an Vorsteuer	29 632,00

Aktivierung des Vorsteuerüberhangs

SBK	13 824,00	an Vorsteuer	13 824,00

S Vorsteuer H

Verbindlichkeiten a. LL	37 952,00	USt	29 632,00
Bank	5 504,00	SBK	13 824,00
	43 456,00		43 456,00

S Umsatzsteuer H

Vorsteuer	29 632,00	Kasse	29 632,00

c) Vorsteuer	13 824,00	an EBK	13 824,00
d) Bank	13 824,00	an Vorsteuer	13 824,00

5 a)

Beleg 284: Forderungen a. LL	297,00	an Umsatzerlöse für Waren	256,03
		an Umsatzsteuer	40,97
Beleg 285: Forderungen a. LL	29,00	an Umsatzerlöse für Waren	25,00
		an Umsatzsteuer	4,00
Beleg 286: Aufwendungen für Waren	1 450,98		
Vorsteuer	232,16	an Verbindlichkeiten a. LL	1 683,14
Beleg 287: Fremdinstandsetzung	960,00		
Vorsteuer	153,60	an Verbindlichkeiten a. LL	1 113,60

b)

	ba) **Umsatzsteuerschuld**	bb) **Absetzbare Vorsteuer**
Beleg-Nr. 284	40,97	
Beleg-Nr. 285	4,00	
Beleg-Nr. 286		232,16
Beleg-Nr. 287		153,60
insgesamt	44,97	385,76

bc) Vorsteuerüberhang: 385,76 − 44,97 = 340,79 EUR

6 Umsatzsteuer: $\frac{215 \cdot 7}{107} = 14{,}07$ EUR

7 a) **Eigenkapitalrentabilität:** $\frac{\text{Gewinn} \cdot 100}{\text{Eigenkapital}} = \frac{900000 \cdot 100}{3000000} = 30\,\%$

b) **Unternehmungsrentabilität:** $\frac{(\text{Gewinn} + \text{Fremdkapitalzinsen}) \cdot 100}{\text{Gesamtkapital}} = \frac{(900000 + 100000) \cdot 100}{5000000} = 20\,\%$

c) **Umsatzrentabilität:** $\frac{\text{Gewinn} \cdot 100}{\text{Umsatzerlöse}} = \frac{900000 \cdot 100}{14000000} = 6{,}43\,\%$

Aufgaben zur Prüfungsvorbereitung

Lehrbuch Seite 125

1 a) (1) b) (3) c) (2) d) (2)

2 a)

Filiale	Jahresumsatz in EUR	aa) Umsatzanteil in %	ab) Umsatz je m² Verkaufsfläche in EUR	ac) ∅ Umsatz in EUR je Beschäftigten
Köln	33324480,00	35,90	11902,00	406396,00
Düsseldorf	14996016,00	16,15	9964,00	340819,00
Duisburg	6508687,00	7,01	7438,00	309937,00
Dortmund	7350000,00	7,92	6682,00	222727,00
Koblenz	23436000,00	25,24	9931,00	334800,00
Frankfurt	7224000,00	7,78	4587,00	157043,00
Gesamt	92839183,00	100,00	9089,00	313646,00

b) Sehr starke Abweichungen voneinander, insbesondere Frankfurt zeigt schlechte Ergebnisse. Bevor entlassen oder geschlossen wird, muss eine genaue Untersuchung der Ursachen anlaufen: Artikel, Verkäufer, Sortiment.

3 a) **Eigenkapitalrentabilität:** $\frac{780000 \cdot 100}{2720000} = 28{,}7\,\%$

b) **Gesamtkapitalrentabilität:** $\frac{(780000 + 204000) \cdot 100}{5200000} = 18{,}9\,\%$

c) **Umsatzrentabilität:** $\frac{780000 \cdot 100}{12480000} = 6{,}25\,\%$

d) **Wirtschaftlichkeit:** $\frac{12480000}{11700000} = 1{,}07\,\%$

4 a) aa) **Wareneinsatz:** = 6600000,00 EUR

ab) **Handlungskosten:** = 3168000,00 EUR

ac) **Handlungskostenzuschlagssatz:** $\frac{3168000 \cdot 100}{6600000} = 48\,\%$

ad) **Selbstkosten:** 6600000 + 3168000 = 9768000,00 EUR

ae) **Gewinn:** 10256400 − 9768000 = 488400,00 EUR

af) **Gewinnzuschlagssatz:** $\frac{488400 \cdot 100}{9768000} = 5\,\%$

ag) **Rohertrag/Rohergebnis:** 10256400 − 6600000 = 3656400,00 EUR

ah) **Umsatzrentabilität:** $\frac{488400 \cdot 100}{10256400} = 4{,}8\,\%$

ai) **Wirtschaftlichkeit:** $\frac{10256400}{9768000} = 1{,}05\,\%$

b) ba) **Verkäuferproduktivität:** $\frac{10256400}{25} = 410240{,}00$ EUR

bb) **Raumproduktivität:** $\frac{10256400}{300} = 34188{,}00$ EUR

5 a) Jährliche Abschreibung = $\frac{24000}{8} = 3000{,}00$ EUR

b) Es wurden bisher 3 · 3000,00 EUR abgeschrieben. Die Anlage befindet sich somit im 4. Nutzungsjahr.

c)

ca) Abschreibungen auf Sachanlagen	3000,00	an BuG	3000,00
cb) GuV	3000,00	an Abschreibungen auf Sachanlagen	3000,00
cc) SBK	12000,00	an BuG	12000,00

6 a) aa) 48000,00 EUR
ab) 8000,00 EUR
ac) 20000,00 EUR

b)

ba) Fuhrpark	48000,00		
Vorsteuer	7680,00	an Verbindlichkeiten a. LL	55680,00
bb) Abschreibungen auf Anlagen	8000,00	an Fuhrpark	8000,00
bc) GuV	8000,00	an Abschreibungen auf Anlagen	8000,00
bd) SBK	40000,00	an Fuhrpark	40000,00

7

Werbemittel	Anteile		Wert je Anteil in EUR	Verteilungsanteile in EUR
Anzeigen	1/4 = 10/40	10	2050,00	c) 20500,00
Zeitungsbeilagen/ Prospekte	1/5 = 8/40	8	2050,00	c) 16400,00
Schaufensterdekoration	3/8 = 15/40	15	2050,00	a) 30750,00
Innendekoration	Rest = 7/40	7	2050,00	b) 14350,00
		40	=	82000,00
		1	=	2050,00

8 a) Monatsmiete je m² für Filiale B: $\frac{7200 \cdot 4{,}1}{100 \cdot 12} = 24{,}60$ EUR

b) Durchschnittliche Monatsmiete je m² für alle Filialen:

$6260 \cdot 21{,}91 = 137156{,}60$
$7200 \cdot 24{,}60 = 177120{,}00$
$8080 \cdot 30{,}30 = 244824{,}00$
$9350 \cdot 31{,}20 = 292032{,}00$

$30900 = 851132{,}60$
$1\ m^2 = 27{,}54$ EUR

c) $\frac{2{,}94 \cdot 100}{27{,}54} = 10{,}7\,\%$

9

Küchenmaschinen	A	B	C	D
Verkaufspreis	95,00	70,00	75,00	85,00
– Bezugspreis	50,00	44,00	39,00	54,00
a) Deckungsbeitrag je Stück	45,00	26,00	36,00	31,00
Nettoumsatz	14250,00	9100,00	10500,00	13600,00
– variable Kosten	8400,00	5720,00	5460,00	8640,00
b) Deckungsbeitrag insgesamt	5850,00	3380,00	5040,00	4960,00
c) Deckungsbeitrag für alle Küchenmaschinen insgesamt	19230,00 EUR			
d) Gewinn für alle Küchenmaschinen	Deckungsbeitrag – fixe Kosten 19230 – 5400,00 = 13830,00 EUR			

10 a) Variable Kosten ändern sich mit dem Beschäftigungsgrad.
Proportional variable Kosten verändern sich im gleichen Maße wie die Beschäftigung.
Fixe Gesamtkosten bleiben innerhalb bestimmter Beschäftigungsintervalle konstant.

b) ba) $\frac{74200 - 67800}{7400 - 6600} = \frac{6400}{800} = 8{,}00$ EUR/k_v

bb) K_f je Monat: $67800 - 6600 \cdot 8 = 15000{,}00$ EUR
oder
$74200 - 7400 \cdot 8 = 15000{,}00$ EUR

c) Gewinnschwelle: $\frac{15000}{12 - 8} = 3750$ Stück

d)

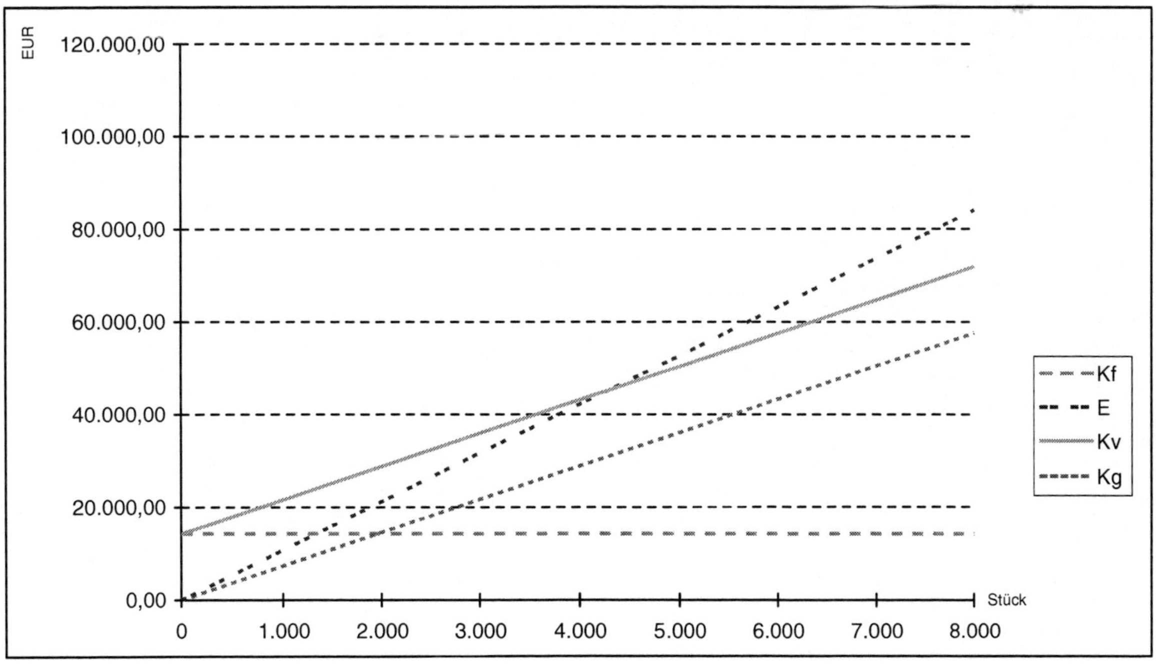

Erklärung der einzelnen Verläufe zueinander: Die Grafik zeigt die fixen Kosten (K_f), die innerhalb des Intervalls von 0 bis 8000 immer 15000,00 EUR betragen. Vom Koordinatenursprung gehen die variablen Gesamtkosten (K_g) und die darüber verlaufenden Gesamterlöse (E) aus, beide mit proportional linearem Verlauf. Darin ist erkennbar, dass der Verkaufspreis über den variablen Kosten liegt und von Anfang an ein Beitrag zur Deckung der fixen Kosten erwirtschaftet wird. Die fixen Kosten zuzüglich der variablen Kosten bilden die Gesamtkosten, deren Linie an der Y-Achse in der Höhe der fixen Kosten ansetzt. Im Schnittpunkt von Gesamtkosten und Gesamterlösen haben die Deckungsbeiträge die fixen Kosten gedeckt und bei darüber hinausgehender Beschäftigung, also ab 3750 Stück, wurde ein Gewinn erwirtschaftet. Folglich liegt vor dem Schnittpunkt die Verlustzone und nach dem Schnittpunkt die Gewinnzone.

e)

	50 %	**80 %**	**100 %**
Absatzmenge in Stück	4000	6400	8000
DB in EUR	16000,00	25600,00	32000,00
K_f	15000,00	15000,00	15000,00
Gewinn	1000,00	10600,00	17000,00

Begründung der Gewinnentwicklung: Mit zunehmender Beschäftigung verteilen sich die K_f auf größere Absatzmengen, d.h., die Stückkosten nehmen ab, der Gewinn nimmt zu.

f) **Kurzfristige Preisuntergrenze**: 4,00 EUR; langfristig müssen auch die K_f gedeckt werden. Der Preis müsste somit darüber liegen.

11 a)

Verkaufspreis (p) EUR	**Nachgefragte Menge M**	**Umsatz U**	**Variable Stückkosten k_v**	**Fixe Stückkosten k_f**	**Gesamte Stückkosten k_g**	**Variable Kosten K_v**	**Fixe Kosten K_f**	**Gesamtkosten K_g**	**Gesamtgewinn G**	**Stückgewinn g**
8,00	10000	80000,00	2,00	5,00	7,00	20000,00	50000,00	70000,00	10000,00	1,00
6,00	20000	120000,00	2,00	2,50	4,50	40000,00	50000,00	90000,00	30000,00	1,50
5,00	30000	150000,00	2,00	1,67	3,67	60000,00	50000,00	110000,00	40000,00	1,3
4,00	40000	160000,00	2,00	1,25	3,25	80000,00	50000,00	130000,00	30000,00	0,75
3,50	50000	175000,00	2,00	1,00	3,00	100000,00	50000,00	150000,00	25000,00	0,50

b) Preis von 5,00 EUR, da hier der höchste Gewinn von 40000,00 EUR erwirtschaftet wird.

c) Preis von 3,50 EUR, da hier der höchste Umsatz (175000,00) und der größte Marktanteil (50000 Stück) erzielt werden.

12 a) Die **Vorsteuer** wird auf Eingangsrechnungen ausgewiesen.

b) Die **Umsatzsteuerzahllast** wird in der Bilanz auf der Passivseite ausgewiesen.

c) Die **Umsatzsteuer** wird auf Kassenberichten und auf Ausgangsrechnungen ausgewiesen.

d) Ein **Vorsteuerüberhang** ergibt sich, wenn die Vorsteuer größer ist als die Umsatzsteuer.

e) Die **Umsatzsteuerzahllast** wird jeweils zum 10 des folgenden Monats an das Finanzamt abgeführt.

f) Der **Vorsteuerüberhang** wird in der Bilanz aktiviert.

Lernsituation zum Lernfeld 11: Geschäftsprozesse erfolgsorientiert steuern

Lernsituation

Handlungssituation

Beim Mittagessen berichtet Mehmet Aydin Anna Klettke aus dem 2 Ausbildungsjahr von einem Gespräch zwischen Frau Feld und dem neuen Controller.

Mehmet: „Dieser Controller will herausfinden, ob alle Verkäufer/innen und alle Verkaufsbereiche gleich viel bringen. Um das zu überprüfen, sollen Frau Feld und ich ihm den Umsatz, aufgeschlüsselt nach Verkäufern/innen und Verkaufsflächen der einzelnen Warengruppen, zusammenstellen. Der will sich wohl richtig beliebt machen. Außerdem haben wir damit bestimmt wochenlang zu tun."

Anna: „Irgendwie wollen alle am Ende des Monats ihr Gehalt haben, dann muss der Unternehmer wohl auch überprüfen können, ob jeder dafür eine entsprechende Leistung bringt. Übrigens findest du die geforderten Daten im Warenwirtschaftssystem."

Frau Feld und Mehmet Aydin haben folgende Daten zur Leistungskontrolle im Mars Elektrofachmarkt e.K. zusammengestellt:

	Berichtsjahr					Vorjahr				
	gesamt	Weiße Ware	Braune Ware	Tonträger/ Software	Neue Medien	gesamt	Weiße Ware	Braune Ware	Tonträger/ Software	Neue Medien
Verkaufsfläche in m²	1400	500	400	200	300	1400	500	400	200	300
Umsatzerlöse in EUR	7688250	2690888	2306475	1153238	1537649	7256000	2321920	1959120	1306080	1668880
Verkäufer/innen	25	4	8	7	6	23	6	6	5	6
Handlungskosten	2733600	874752	765408	437376	656064	2517200	830676	704816	377580	604128
Wareneinsatz in EUR	4556000	1457920	1275680	728960	1093440	4340000	1432200	1215200	651000	1041600
Arbeitsstunden	38000	6080	12160	10640	9120	38000	12160	9120	7600	9120
Kundenzahl	33600	10270	14630	3594	5106	24750	6840	9408	4127	4375

Arbeitsaufträge

- Erläutern Sie, warum der Controller eine Umsatzgliederung nach Verkäufern/innen und Warengruppen wünscht.
- Diskutieren Sie die Auffassungen von Mehmet und Anna zur Leistungskontrolle.
- Ermitteln Sie für das Berichtsjahr und das Vorjahr für den Gesamtbetrieb und für die einzelnen Warengruppen
  a) die Verkaufsraumproduktivität (= den durchschnittlichen Umsatz pro m² Verkaufsfläche)
  b) die Verkäuferproduktivität (= durchschnittlichen Umsatz pro Verkäufer/in)
  c) die Verkäuferstundenproduktivität (= durchschnittlichen Umsatz je Verkäufer in einer Stunde)
  d) die Kundenproduktivität (durchschnittlichen Umsatz je Kunden)

Weitere Arbeitsaufträge, die den Lernprozess strukturieren und zu einer vollständigen Lernhandlung führen:

- Stellen Sie die Vergleichszahlen auf einer Folie dar und bereiten Sie dazu einen Erläuterungsbericht vor.
- Präsentieren Sie Ihre Ergebnisse und deren Erläuterungen vor der Klasse.
- Leiten Sie aus den Ergebnissen Ursachen für eventuelle Unterschiede und Verbesserungsmaßnahmen in Bereichen mit negativer Beurteilung ab.
- Schreiben Sie einen kurzen Entwicklungsbericht zu den einzelnen Kennzahlen, zur Leistung der einzelnen Verkäufer/innen und entwickeln Sie dazu einen Ursachen- und Maßnahmenkatalog.
- Nehmen Sie die einzelnen Produktivitätskennziffern in die Lernkartei auf.
- Zur Übung und Vertiefung lösen Sie die Aufgaben Nr. 2, 10 und 20 im Lehrbuch Seiten 106ff.

Errechnung und Beurteilung von Produktivitätskennziffern

Handlungsphasen und Handlungsergebnisse

Handlungs-phase	Unterrichtsziele und Inhalte	Sozialform, Methoden, Medien	Zeitricht-wert in Min.
Analyse	Azubis sollen erkennen, dass nicht das Gesamtergebnis maßgebend für Personalentscheidungen und -beurteilungen ist.	Ausgangsszenario Umdruck Gruppenarbeit	15′
Planen I	Gesichtspunkte für die Beurteilung der Leistung eines Betriebes und seiner Mitarbeiter zusammenstellen.	Gruppenarbeit Liste von Beurteilungsgesichtspunkten	15′
Planen II	Formeln zur Ermittlung von Vergleichszahlen sammeln	Gruppenarbeit Formelsammlung	15′
Durchführen	Tabelle mit Vergleichszahlen erstellen Erläuterung der Vergleichszahlen	Gruppenarbeit Tabelle mit Vergleichszahlen und deren Erläuterung, besonders mit der Herausstellung der Abwicklung	45′
Präsentation	Vorstellung der Vergleichszahlen und der Erläuterungen dazu	Vorträge der Gruppensprecher Folie	30′
Bewertung	Leistungsbeurteilung Ursachen- und Maßnahmenkatalog entwickeln	Unterrichtsgespräch – Ursachenkatalog – Maßnahmenkatalog	30′
Vertiefung	Übung durch Bearbeiten der Lehrbuchaufgaben	Einzelarbeit Lehrbuch	90′

Unterrichtsstunde – LÖSUNG

a)

	Berichtsjahr	Vorjahr
aa) **Umsatz/m² Geschäftsfläche**	$\frac{12\,691\,000}{10\,500} = 1\,208{,}67$ EUR	$\frac{11\,634\,800}{10\,500} = 1\,108{,}08$ EUR
ab) **Umsatz/m² Verkaufsfläche**	$\frac{12\,691\,000}{10\,000} = 1\,269{,}10$ EUR	$\frac{11\,634\,800}{10\,000} = 1\,163{,}48$ EUR
ac) **Kalkulationszuschlagssatz**	$\frac{(12\,691\,000 - 7\,252\,000) \cdot 100}{7\,252\,000} = 75\,\%$	$\frac{11\,634\,800 - 6\,844\,000) \cdot 100}{6\,844\,000} = 70\,\%$
ad) **Umsatz pro Kunde**	$\frac{12\,691\,000}{206\,500} = 61{,}46$ EUR	$\frac{11\,634\,800}{198\,700} = 58{,}55$ EUR
ae) **Umsatz pro Mitarbeiter/in**	$\frac{12\,691\,000}{65} = 95\,246{,}15$ EUR	$\frac{11\,634\,800}{62} = 187\,658{,}06$ EUR
af) **Umsatz pro Arbeitsstunde**	$\frac{12\,691\,000}{118\,300} = 107{,}28$ EUR	$\frac{11\,634\,800}{109\,616} = 106{,}14$ EUR
ag) **Rohergebnis**	$12\,691\,000 - 7\,252\,000 = 5\,439\,000{,}00$ EUR	$11\,634\,800 - 6\,844\,000 = 4\,790\,800{,}00$ EUR
ah) **Wirtschaftlichkeit**	$\frac{12\,691\,000}{7\,252\,000 + 3\,626\,000} = 1{,}17$	$\frac{11\,634\,000}{6\,844\,000 + 3\,558\,880} = 1{,}12$
ai) **Eigenkapitalrentabilität**	$5\,439\,000 - 3\,626\,000 = 1\,813\,000{,}00$ EUR $\frac{1\,813\,000 \cdot 100}{4\,000\,000} = 45{,}3\,\%$	$4\,790\,800 - 3\,558\,880 = 1\,231\,920{,}00$ EUR $\frac{1\,231\,920 \cdot 100}{4\,000\,000} = 30{,}8\,\%$
aj) **Gesamtkapitalrentabilität**	$\frac{(1\,813\,000 + 50\,000) \cdot 100}{12\,000\,000} = 15{,}53\,\%$	$\frac{(1\,231\,920 + 65\,000) \cdot 100}{10\,500\,00} = 12{,}38\,\%$
ak) **Umsatzrentabilität**	$\frac{1\,813\,000 \cdot 100}{12\,691\,000} = 14{,}29\,\%$	$\frac{1\,231\,920 \cdot 100}{11\,634\,800} = 10{,}59\,\%$

al) Umsatzentwicklung gegenüber dem Vorjahr: $\frac{(12\,691\,000 - 11\,634\,800) \cdot 100}{11\,634\,800} = 9{,}08\,\%$

b) Mit Ausnahme des Kalkulationszuschlagssatzes, der um 5 %-Punkte im Berichtsjahr gegenüber dem Vorjahr erhöht wurde, haben alle anderen Ergebnisse sich verbessert.
- Der Umsatz pro m² Geschäftsfläche ist um 92 %, der Umsatz pro m² Verkaufsfläche um 65 % gestiegen.
- Der Umsatz pro Kunde stieg von 58,55 EUR auf 61,46 EUR, der Umsatz pro Mitarbeiter/in stieg von 187 658 EUR auf 195 246 EUR.
- Der Umsatz pro Arbeitsstunde stieg um 1,00 EUR.
- Das Rohergebnis verbesserte sich um 648 000,00 EUR.
- Die Wirtschaftlichkeit stieg von 1,12 auf 1,17
- Die Eigenkapitalrentabilität verbesserte sich von 30,8 % auf 45,3 %, die Gesamtkapitalrentabilität von 12,4 % auf 15,5 % und die Umsatzrentabilität von 10,6 % auf 14 %.

c) Die positive Entwicklung der Rentabilität, der Produktivität und der Wirtschaftlichkeit geben keine Veranlassung, den Kalkulationszuschlagssatz, mit dem Handlungskosten und Gewinn einkalkuliert werden, zu verändern. Allerdings sollten konsequent die Handlungskosten beobachtet werden, um rechtzeitig negative Auswirkungen auf das Ergebnis zu korrigieren.
Auffallend ist die Entwicklung des Umsatzes (+ 9 %) gegenüber dem Wareneinsatz (+ 6 %)

Lernfeld 12: Mit Marketingkonzepten Kunden gewinnen und binden

1 Marketing als zentrale Aufgabe im Einzelhandel

Lehrbuch Seite 129

Handlungssituation

- Die Kerntätigkeit eines Einzelhändlers besteht darin, Waren zu beschaffen und sie an den Endverbraucher weiterzuverkaufen. Dabei sind diejenigen Waren zu bestimmen und zu beschaffen, die von der Zielgruppe des Unternehmens, also seinen Kunden, gewünscht werden. Sie sind den Kunden so zu präsentieren, dass sie auch gekauft werden. Hierzu sind diverse Maßnahmen der Kommunikation mit dem Kunden zu planen und durchzuführen (von der Werbung bis zum Verkaufsgespräch im Laden). Das ökonomische Ziel eines Einzelhandelsbetriebes ist, die Beschaffungs- und Verkaufsaktivitäten so zu gestalten, dass die Aufwendungen durch die Erträge mehr als gedeckt werden, damit ein angemessener Gewinn erwirtschaftet werden kann. Damit dieses Ziel erreicht wird, sind unternehmerische Entscheidungen zu treffen, die eine Verzinsung des eingesetzten Kapitals langfristig sicherstellen. Hierbei spielen Marketingentscheidungen eine Schlüsselrolle. Wichtig ist, dass das Unternehmen „vom Markt her" geführt wird. Die Marktdaten (vergangene, aktuelle und prognostizierte) sind dabei die Führungs- und Entscheidungsgrundlagen, die genutzt werden, um bestimmte betriebsindividuelle Ziele zu erreichen. Ohne Marketing wäre hier, eine Unternehmensführung im Einzelhandel nicht denkbar.
- Marktkommunikation ist eine Teilmenge der Marketingarbeit eines Unternehmens. Die Kommunikation eines Unternehmens umfasst sowohl interne (innerhalb des Unternehmens) als auch externe (außerhalb des Unternehmens) Beziehungen. Dabei geht es um den Austausch von Informationen. Insbesondere durch die Kommunikation mit Kunden erfährt ein Einzelhändler, welche Bedürfnisse diese haben, und kann somit sein Sortiment und seine Ladengestaltung daraufhin ausrichten und ein entsprechendes Marketingkonzept entwerfen.

Lehrbuch Seite 137

1 Marketing bezeichnet eine Unternehmensführung, bei der sich alle Entscheidungen konsequent auf den Markt ausrichten. Es wird also „vom Markt her" geführt.

2 Absatz- und Beschaffungsmarketing unterscheiden sich hinsichtlich der zu bearbeitenden Märkte. Absatzmarketing hat den Absatzmarkt, also den Verkauf von Produkten im Fokus und Beschaffungsmarketing beschäftigt sich mit dem Beschaffungsmarkt, also dem Einkauf der Waren. Gemeinsam haben sie die Methoden und Instrumente. In beiden Ausrichtungen wird Marktforschung betrieben. Es werden ferner Konditionenpolitik, Preispolitik usw. praktiziert.

3 Marktkommunikation verursacht Kosten. Diese Kosten müssen in einem wirtschaftlichen Verhältnis zu dem Ertrag (Nutzen) stehen. Kosten entstehen z. B. bei der Marktforschung (Personalkosten für Mitarbeiter, Honorare für Marktforschungsinstitute) und der Marktkommunikation (Kosten für Werbung, Verkaufsförderung, Öffentlichkeitsarbeit).

4 Standortmarketing bezeichnet die Bemühungen von Städten oder Regionen im Zusammenhang mit der Stadtentwicklung. Hierbei spielt der Einzelhandel eine große Rolle, weil er Stadtteile prägen und somit Magnetfunktionen für die Bevölkerung ausüben kann.

5 Individuelle Lösungen.
Es kommt darauf an, für die jeweilige eigene Region bzw. Stadt entsprechende Konzepte für das Standortmarketing zu finden und zu untersuchen.

2 Das Internet im Verkauf nutzen (E-Commerce)

Lehrbuch Seite 138

Handlungssituation

- Individuelle Lösungen.

Wichtig sind hier Erfahrungen hinsichtlich Zahlungsabwicklung, AGB, Liefertermineinhaltung, Umtauschmöglichkeiten, Reklamationen usw.

- Individuelle Lösungen.

Entscheidend ist hier jeweils die Sammlung von Argumenten, deren betriebswirtschaftliche Fundierung und das Vortragen der Standpunkte. Hierbei darf es auch zu Spekulationen kommen, die im Anschluss an die Diskussion bezüglich ihrer Stichhaltigkeit geklärt werden können. Ferner sollten auch branchen- oder betriebsspezifische Argumente als solche erkennbar sein und ihre Übertragung auf andere Unternehmen des Einzelhandels geprüft werden. Ebenso sollten die Vorteile und Gefahren des Onlineshopping aus der Sicht des Kunden berücksichtigt werden.

Lehrbuch Seite 144

1 Der Kunde gibt die URL in die Adressleiste seines Browsers ein und gelangt auf die Startseite des Online-Shops. Dort sucht er im Katalog nach den gewünschten Artikeln und „legt sie in den Warenkorb". Anschließend gibt er seine persönlichen Daten ein (Name usw., Lieferanschrift), wählt die Zahlungsalternative, bestätigt ggf. das Lesen der AGB, kontrolliert seine Eingaben, macht einen Ausdruck der Bestellung und schickt sie ab. Diese Bestellung wird nun von dem Unternehmen bearbeitet (Auftragsbestätigung als Mail, Versand, Zahlungseingang überwachen usw.).

2 Gründe für Online-Verkauf aus Sicht des Einzelhandelsunternehmens (Auswahl):
- Keine Ladenöffnungszeiten zu berücksichtigen,
- weltweite Präsentation des Sortiments,
- geringe Standortkosten,
- Ergänzung des stationären handels,
- Automatisierung des Verkaufsprozesses,
- Automatisierung des Zahlungsverkehrs,
- schnelle Präsentation von Sonderangeboten,
- Kundenbindung.

3 Individuelle Lösungen.
Die AGB sind hinsichtlich rechtlicher Unklarheiten zu untersuchen und im Unterricht zu klären.

4 Durch § 312 BGB erhalten Verbraucher für Fernabsatzverträge besonderen Schutz. Hierzu gehört insbesondere das Umtauschrecht für bestimmte Waren. Dadurch entsteht eine rechtliche Besserstellung.

5 Individuelle Lösung.

3 Informationen im Marketing nutzen

Lehrbuch Seite 145 f.

Handlungssituation

-

Informationswunsch	Verwendung der Information in Marketing
Wie viel Lieferungen hatten wir im letzten Quartal von der Alpenglück GmbH?	Die Anzahl der Lieferungen kann Auskunft über die Nachbestellungen geben.
Wie viel Flaschen Rotwein St. Croix haben wir in den letzten Monaten verkauft?	Diese Information gibt den Absatz des Artikels an. Da der Rotwein St. Croix ein neuer Artikel ist, kann geprüft werden, inwiefern er von den Kunden gekauft wurde. Falls der Artikel besonders beworben wurde, kann hier auch ein Beitrag zur Werbeerfolgskontrolle geleistet werden.
Wie viel Kunden hatten wir an den letzten vier Samstagen und wie viel kauften sie im Durchschnitt ein?	Es kann eine Kundenfrequenzanalyse durchgeführt werden. Durch Vergleich mit Planzahlen bzw. mit Zahlen aus abgelaufenen Perioden können Rückschlüsse für die Beurteilung von z. B. Werbemaßnahmen, Ladengestaltungen usw. gezogen werden.

Wichtig ist hier ein Verweis auf die Nutzung von betrieblichen Datenbanken innerhalb des Warenwirtschaftssystems.

- Marketingentscheidungen beruhen immer auf Informationen bzw. Daten. Insofern ist eine gut funktionierende Informationswirtschaft die Basis und die Voraussetzung für Marketing.

Lehrbuch Seite 150

1 Informationen bei einer Bewerbung (Auswahl): Name, Anschrift, Geburtsdatum, Familienstand, Schullaufbahn, Lebenslauf, Zeugnisse

2

Tätigkeit	Benötigte Informationen (Beispiele)
a) Kassieren	Warenpreis je Einheit, Anzahl der gekauften Waren
b) Ware bestellen	Artikel-Nr. und -Bezeichnung, Lieferer (Anschrift), Bestellmenge, Liefertermin
c) Kundenreklamation bearbeiten	Nachweis, dass in unserem Geschäft gekauft wurde, Kaufdatum, Reklamationsgrund, Infos über Kunde (Stamm-, Großkunde)

Tätigkeit	Benötigte Informationen (Beispiele)
d) Kunden beraten	Kundenwunsch bzw. Problem des Kunden, Preisvorstellungen
e) Kassenbesetzung planen	Kundenfrequenz, Mitarbeiter-Liste
f) Sortimentskontrolle durchführen	Deckungsbeiträge, Renner-Penner-Listen, Umschagshäufigkeiten usw.
g) Werbemittel auswählen	Zielgruppe, Kosten der Werbemittel, Werbebudget, Werbeziel
h) Preise kalkulieren	Einstandspreis, Handlungskostenzuschlag, Gewinnzuschlag, ggf. Rabatte und Skonti
i) Umtausch bearbeiten	Nachweis, dass in unseren Geschäft gekauft wurde, Kaufdatum, Umtauschgrundgrund, Infos über Kunde (Stamm-, Großkunde)
j) Werbebroschüre erstellen	Zielgruppe, Budget, Liste der aufzunehmenden Artikel,

3 Individuelle Lösungen.
Hier geht es darum, aus möglichst verschiedenen Einzelhandelsunternehmen Informationen zusammenzutragen und sie auszuwerten (Unterschiede, Gemeinsamkeiten).

4 a)

Arbeiten mit und an	Arbeiten mit Informationen über
a) Waren Einlagern, aus- und umpacken, verpacken, auszeichnen, annehmen, wiegen, transportieren, dekorieren	Waren Lieferscheine/Rechnungen kontrollieren, Preise kalkulieren, Lagerveränderungen buchen, Verkäufe buchen, Ware beschreiben
b) Kunden Verkaufsgespräch führen, begrüßen und verabschieden, Reklamation bearbeiten	Kunden Kundenstruktur bestimmen, Kundefrequenzanalyse durchführen, Kundenstatistiken führen
c) Lieferern Aushandeln von Liefer- und Zahlungsbedingungen, Gespräche über neue Artikel bzw. über Sales-Promotions	Lieferer Lieferscheine, Frachtpapiere überprüfen, Lieferquellen feststellen, Angebote einholen und prüfen
d) Geld Kassieren beim Warenverkauf, Pfandgeldrückgabe, Kassensturz	Geld Buchen von Einnahmen, Ausgaben

4 Marktforschung als Basis des Marketing

Lehrbuch Seite 151

Handlungssituation

- Individuelle Lösungen.
  Entscheidend ist, dass die jeweiligen Argumente bezüglich ihrer betriebswirtschaftlichen Konsequenzen diskutiert werden. Die Schüler sollen erkennen, dass es langfristig nicht reicht, lediglich einige neue Artikel einzuführen, sondern dass Entscheidungen auf der Basis von Marktdaten zu treffen sind.
  - Aufgabe der Marktforschung: Erkennen der eigenen Wettbewerbssituation, um eigene Stärken auszubauen und Schwächen zu minimieren.
  - Teilbereiche der Marktforschung:
    - Marktanalyse: Zu einem bestimmten Zeitpunkt werden alle Einflussfaktoren eines Marktes ermittelt.
    - Marktbeobachtung: Die Entwicklung des Marktes wird über einen bestimmten Zeitraum untersucht.
    - Marktprognose: Auf der Basis vorhandener Markdaten werden Aussagen über künftige Entwicklungen (Trends) erstellt.

Lehrbuch Seite 162

1 Ziel der Marktforschung im Einzelhandel ist es, Informationen über Kunden und Mitbewerber zu erhalten, um das Unternehmen marktfähig zu gestalten.

2 Marktanalyse: Zu einem bestimmten Zeitpunkt werden alle Einflussfaktoren eines Marktes ermittelt.
Marktbeobachtung: Die Entwicklung des Marktes wird über einen bestimmten Zeitraum untersucht.
Marktprognose: Auf der Basis vorhandener Markdaten werden Aussagen über künftige Entwicklungen (Trends) erstellt.

3 Das Internet ermöglicht den Zugriff auf zahlreiche Informationen. Hierzu zählen auch Informationen, die von einem Einzelhandelsunternehmen für Marketingentscheidungen genutzt werden können. Insbesondere sind hier Webseiten von Marktforschungsunternehmen, Unternehmensverbänden, IHK usw. Quellen, die reichhaltige Informationen bereithalten.

4 a) Befragungen lassen sich hinsichtlich verschiedener Kriterien einteilen (**Befragungarten**).

Kriterium	Erläuterungen, Beispiele
Zahl der Themen	■ Ein-Themen-Befragung (nur ein Aspekt, z.B. Zufriedenheit mit Service-Leistungen wird erhoben) ■ Mehr-Themen-Befragung (mehrere Aspekte, z.B. Ansprüche von Kunden, Kaufplanungen von Kunden, Kaufmotive, Zufriedenheit mit dem Geschäft usw. werden erhoben)
Personen	■ Unternehmensbefragungen (z.B. Lieferanten) ■ Verbraucherbefragungen (Endverbraucher, Kunden) ■ Expertenbefragungen (Befragung von Spezialisten und Fachleuten, z.B. Werbeexperten)
Kommunikationsart	■ Schriftliche Befragung (Fragebogen werden über Postweg oder Zeitungsbeilagen verteilt); das Problem der häufig geringen Rücklaufquote kann durch Anreize (z.B. Preisausschreiben) z.T. gelöst werden. ■ Telefonische Befragung (i.d.R. sind nur einfache und knappe Fragestellungen möglich, jedoch kann eine gezielte Eingrenzung von Zielgruppen vorgenommen werden) ■ Mündliche Befragung (Befragungen „auf der Straße", Interviews vor dem Geschäft, die Fragestellungen und die Fragetaktik kann individuell abgestimmt werden) ■ Online-Befragungen im Internet (Versenden von Fragebogen über E-Mail; Fragebogen auf einer Webseite, wobei die Antworten gespeichert und ausgewertet werden können; Interviews in Chatrooms, Befragungen über News-Groups)
Häufigkeit	■ Einmalbefragungen (für bestimmtes Erhebungsziel werden einmalig Personen befragt) ■ Mehrfachbefragungen (periodisch wiederkehrende Befragungen der selben Personengruppe, um bestimmte Entwicklungen, Trends usw. zu erheben)
Strategie	■ Standardisiertes Interview (genau vorformulierte Fragen mit festgelegter Reihenfolge) ■ Strukturiertes Interview (Kernfragen sind festgelegt, Reihenfolge beliebig, Zusatzfragen sind zugelassen) ■ Freies Gespräch (nur das Gesprächsthema liegt fest, Interviewer kann über Reihenfolge und Art von Fragen frei entscheiden)
Taktik	■ Direkte Befragungstaktik (durch Frage ist das Befragungsziel direkt erkennbar, z.B. „Besitzen Sie ein Notebook?" ■ Indirekte Befragungstaktik (Die Fragen sind psychologisch so formuliert, daß der Befragte nicht sofort das Ziel der Frage erkennen kann, z.B.: „Wenn Sie auf Geschäftsreise sind, können Sie dann Ihr Textverarbeitungsprogramm einsetzen?")

b)

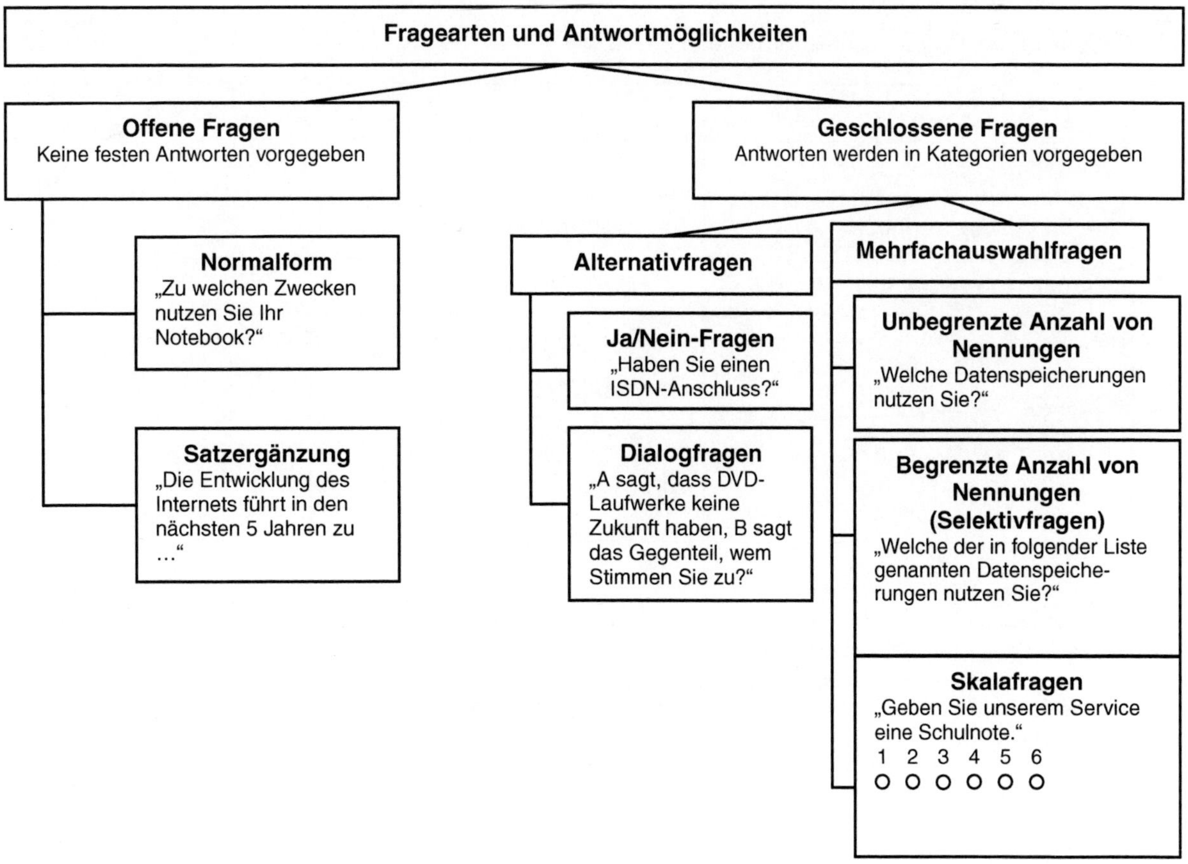

c) Individuelle Lösungen.
Je nach Branche, Betriebsgröße, Kundenstruktur usw. werden sich unterschiedliche Fragebögen ergeben. Entscheidend ist, dass das Ziel der Befragung (Zufriedenheit der Kunden mit dem Sortiment) erreicht wird. Daher sollten z. B. Fragen nach Waren vorhanden sein, die die Kunden im Sortiment vermissen. Zu allgemein formulierte Fragen sollten vermieden werden, z. B. „Sind Sie mit unserem Sortiment zufrieden?“ (Ja – Nein).
Bei der Testbefragung kommt es darauf an, den Fragebogen zu testen. Es soll also untersucht werden, ob die Fragen verständlich gestellt werden, ob sie eindeutig sind und ob sie tauglich für eine bestimmte Zielgruppe sind.

d) Der Fragebogen wird mit einem Gewinnspiel kombiniert, jeder Befragte erhält ein kleines Geschenk oder einen Gutschein usw.

e)

Schriftliche Befragung	Interview
Vorteile ■ Befragungsbogen kann verschickt werden ■ Befragungsbogen kann verteilt oder im Laden ausgelegt werden ■ kostengünstig, da kein intensiver Personalbedarf für Befragung	Vorteile ■ Es können Rückfragen gestellt werden ■ Es können Erläuterungen und Erklärungen gegeben werden ■ Es können gezielt bestimmte Kunden angesprochen werden
Nachteile ■ Rücklaufquote nicht immer abschätzbar ■ Kunden könnten mehrere Fragebogen abgeben (um das Geschenk bzw. den Preis zu erhalten)	Nachteile ■ Personal- und somit kostenintensiv ■ Anzahl der interviewten Personen beschränkt

5 Individuelle Lösungen.

Beobachtungsbogen zur Kundenanalyse (Beispiel)

Beobachter (Name)		
Beobachtungstag (Datum)		
Beobachtungsbeginn: ☐	Beobachtungsende: ☐	
Beobachtungsstandort		
Kunden	Einzelbesuch ❏ männlich ☐ ❏ weiblich ☐ Alter (geschätzt) ☐	Gruppenbesuch a) Erwachsene ❏ männlich ☐ ❏ weiblich ☐ b) Anzahl Kinder ☐
Besondere Bemerkungen zu Kunden		

Kundenlauf durch das Geschäft:

Passierte Abteilung	**Kaufabschluss ja**	**nein**	**Beobachtete Waren**	**Aufenthaltsdauer in Minuten**
A	❏	❏		
B	❏	❏		
C	❏	❏		
D	❏	❏		
E	❏	❏		
F	❏	❏		
G	❏	❏		
H	❏	❏		

Weitere Beobachtunskriterien (Auswahl): Kontaktaufnahme zu Verkäufern, Dauer des Verkaufsgespräches, Kauf von Zusatzartikeln, Wahrnehmung von Sonderangeboten usw.

6 Panels können dem Einzelhändler u. a. folgende Informationen liefern:
Nachfrage nach bestimmten Waren(-gruppen) im Zeitablauf, Reaktion auf Preisänderungen, Reaktion auf Substitutionsartikel

7 Der Marktanteil eines Unternehmens ist der prozentuale Anteil seines Umsatzes (bzw. Absatzes) am Marktvolumen. Das Marktvolumen ist eine Teilmenge des Marktpotenzials. Das Marktpotenzial gibt die theoretisch maximale Aufnahmefähigkeit eines Marktes an. Die Messung dieser Größen ist problematisch. Bereits die genaue Bestimmung des „Marktes" für ein bestimmtes Produkt (bzw. eine Produktgruppe) bereitet in der Praxis enorme Schwierigkeiten.

Beispiel *In einem Stadtteil leben 20.000 Menschen. In diesem Stadtteil gibt es u. a. zwei Supermärkte, einen Discounter und zwei Bäckereien, die Brot verkaufen. Zur Ermittlung des Marktanteils für Brot sind u. a. folgende Informationen erforderlich: Wie groß ist die Nachfrage nach Brot (z. B. in kg., in Stück usw.), wie viele Menschen kaufen ihr Brot grundsätzlich in diesem Stadtteil (und nicht in anderen Geschäften, z. B. Geschäfte in der Nähe ihres Arbeitsplatzes usw.) Wenn diese Größen bekannt sind, kann annäherungsweise das Marktpotenzial und das Marktvolumen bestimmt werden. Hieraus lässt sich der gegenwärtige Marktanteil eines einzelnen Geschäftes ableiten.*

8 Marktforschung können alle Einzelhändler durchführen, unabhängig von der Größe ihres Geschäftes. Je nach finanzieller oder personeller Kapazität sind jedoch die Methoden und Instrumente unterschiedlich. So werden kleinere Unternehmen tendenziell ihre Aktivitäten auf kostengünstige Verfahren beschränken (Auswerten eigener Informationsquellen, Nutzung von kostenlosen Informationen aus Sekundärerhebungen usw.) und selten externe Marktforschungsunternehmen konsultieren. Ferner sind einfache Konkurrenzbeobachtungen üblich (Preise, Verkaufsformen, Sortimentsbreite und -tiefe, Ladengestaltung usw.).

5 Marktsituationen und -entwicklungen im Einzelhandel

Lehrbuch Seite 163

Handlungssituation

- So wie sich Gesellschaften und Kulturen im Zeitablauf ständig verändern, so verändern sich auch die Kaufgewohnheiten und die Verhaltensweisen von Kunden. Auf diese Veränderungen hat sich der Einzelhandel eingestellt und entsprechend neue Strukturen und Formen entwickelt. Auch haben technische Innovationen dazu beigetragen, dass neue Formen des Einkaufens für Kunden entstanden sind, z. B. das Internet.
  Die gesellschaftlichen, wirtschaftlichen, technischen und politischen Entwicklungen werden auch zukünftig vom Einzelhandel fordern, sich auf diese Veränderungen einzustellen.
- Damit ein Einzelhandelsunternehmen wettbewerbsfähig bleibt, ist es zwingend notwendig, Marktsituationen und deren Entwicklungen frühzeitig einzuschätzen, sodass rechtzeitig Maßnahmen zur Marktanpassung eingeleitet werden können. Hierbei spielen Marketingentscheidungen eine zentrale Rolle.

Lehrbuch Seite 169

1 Ein Markt beschreibt das Zusammentreffen von Angebot und Nachfrage.

2 Individuelle Lösungen.
Es kommt hier darauf an, dass die Schüler nicht nur die Perspektive des Einzelhandels betrachten, sondern auch ihre Positionen als Nachfrager nach Arbeitsplätzen (Arbeitsmarkt), nach Wohnraum (Wohnungsmarkt), nach Dienstleistungen (z. B. Versicherungen, Bankdienstleistungen) usw.
Sie sollen sich klar werden über die Vielfalt der Märkte, an denen sie beteiligt sind.

3 Die Kunden bilden eine Marktmacht. Wenn sie sich zusammenschließen, können sie ihre Interessen dem Einzelhandel gegenüber wahrnehmen und ihn somit unter Druck setzen. So könnten sie z. B. bestimmte Geschäfte oder Produkte boykottieren, wenn es ihnen gelänge, sich entsprechend zu organisieren und gemeinsam zu handeln. Aber auch ohne eine derartige Organisation können Kunden diejenigen Unternehmen in Bedrängnis bringen, die sich ihren veränderten Ansprüchen nicht angepasst haben. Diese Unternehmen werden im Markt nicht mehr konkurrenzfähig sein.

4 Beispiele:

Verdrängte Produkte	Neue Produkte
Schallplattenspieler	CD, DVD
Walkman, Kassettenrekorder	MP3-Player
Aktentasche, Schultasche	Rucksack
Faxgeräte	E-Mail
Videorekorder	DVD-Player
Textiltaschentücher	Einmal-Taschentücher (Tempos)

5 Individuelle Lösungen.
Entscheidend ist hier die Abgrenzung zwischen Mode (kurzfristig) und Trend (langfristig).

6 a) Individuelle Lösungen.
b) Der Einzelhandel muss versuchen, die Bedürfnisstruktur seiner Kunden ganzheitlich zu erfassen, und durch das Angebot eines entsprechenden Sortiments darauf reagieren.
c) Der Einzelhändler muss ständig den Kontakt zu seinen Kunden suchen, um deren Bedürfnisse (Probleme) zu erfahren. Hieraus muss sich ein Dialog entwickeln, der zu einem bedürfnisgerechten Sortiment und zu einer adäquaten Ladengestaltung führen soll. Dabei sind die kurz- und langfristigen Veränderungen des Kundenverhaltens zu berücksichtigen.

7 Individuelle Lösungen.
Wichtig ist hier eine visionäre und kreative Arbeit der Schüler. Selbst „utopische" Ideen sollten aufgegriffen und besprochen werden.

6 Kunden – die wichtigsten Personen im Einzelhandel

Lehrbuch Seite 170

Handlungssituation

- Bei dieser Diskussion kommt es darauf an, dass die Schüler ihre Rolle als Verkäufer, Kundenberater, Problemlöser für Kunden usw. wahrnehmen. Sie sollen erkennen, dass ohne eine strikte Kundenorientierung ihr Arbeitsplatz gefährdet ist. Ihnen muss klar werden, dass der Einzelhandel auf seine Kunden angewiesen ist bzw. nur durch eine konsequente Orientierung am Kunden überlebensfähig und wettbewerbsfähig bleiben kann.

Argumentationsbeispiele:

Pro	Contra
Ohne Kunden kein Umsatz, ohne Umsatz keine Arbeitsstelle	Der Verkäufer ist nicht der Büttel der Kunden
Ich will als Kunde ernst genommen werden	Die Kunden sind manchmal unverschämt
Wir sind die Spezialisten für Problemlösungen	Die Kunden schauen sowieso nur auf den Preis
Wir verkaufen keine Waren, sondern Problemlösungen	

Insbesondere die „Contra-Argumente" sollten kritisch darauf hin untersucht werden, inwiefern sie entkräftet werden können.

- Gründe (Auswahl):
  - Den Mitarbeitern ist ihre Rolle nicht vollständig bekannt,
  - sie verhalten sich nicht immer kundenorientiert,
  - ihnen ist der Zusammenhang zwischen Kundenorientierung und Arbeitsplatzsicherung nicht klar.

Lehrbuch Seite 180

1 Kundenorientierung ist eine Überlebensstrategie (nicht nur) im Einzelhandel. Kunden haben heute die Möglichkeit, bei verschiedenen Anbietern ihre Kaufwünsche zu befriedigen (Konkurrenzdruck im Einzelhandel). Sie sind aber gleichzeitig die Geschäftsbasis für Einzelhandelsunternehmen. Wenn sie der Meinung sind, dass auf ihre Bedürfnisse nicht hinreichend eingegangen wird, wandern sie zu anderen Einkaufsalternativen ab. Insofern ist die Orientierung an den Kundenbedürfnissen (Kundenorientierung) für ein Einzelhandelsunternehmen entscheidend für das Überleben auf dem Markt.

2 Individuelle Lösungen, je nach Ausbildungsbetrieb.

Beispiel: Supermarkt

Kaufmotiv	Reaktion auf Kaufmotiv durch Marketingmaßnahmen (Beispiele)
Privater Verbrauch von Lebensmitteln	Übersichtliche Platzierung, Angebot von bedürfnisgerechten Mengen (Single-Haushalte, Großfamilie)
Preiswürdigkeit des Sortiments	Herausstellen von Preisen in Werbung, Planen von Sonderangeboten
Qualität, Frische der Produkte	Pflege des Sortiments, produktgerechte Ladengestaltung
Bequemlichkeit des Einkaufs	Werbewirksame Publikation von kostenlosen Parkplätzen

3 Das Konsumverhalten von Kunden wird insbesondere durch folgende Faktoren bestimmt:

- Rationale Faktoren:
  - aktueller, konkreter Bedarf
  - eigene Kaufkraft, Preise der Produkte
  - Eigenschaften und Merkmale der Produkte
  - Verfügbarkeit des Produktes
- Emotionale Faktoren:
  - Gewohnheiten
  - plötzliche Kaufimpulse
  - persönliche Vorlieben
  - individuelle Wünsche
- Shop-Faktoren:
  - Erreichbarkeit des Shops
  - Ladengestaltung, Optik, Image
  - Sortiment
- Produkt-Faktoren:
  - Preis-Leistungs-Verhältnis
  - Image des Produktes
  - Platzierung im Shop
  - Qualität

4 a) Individuelle Lösungen.
Entscheidend ist hier, dass persönliche Erfahrungen aufgegriffen werden. Die Schüler sollen reflektieren, dass sich bereits in den letzten zehn Jahren Veränderungen in der Einkaufslandschaft ergeben haben.

b) Der Einzelhandel reagiert durch marktgerechte Marketingkonzepte und -strategien.
Beispiele:

Kundenansprüche	Reaktionen des Einzelhandels
Preiswerte und funktionelle Möbel	Möbelfachmärkte mit Mitnahmeartikeln
Erlebniseinkauf	Shopping-Center
Bequemer Einkauf	Parkplätze, Restaurants, Cafes usw. in Einkaufszonen

5 Individuelle Lösungen, je nach Ausbildungsbetrieb.
Wichtig ist hier das konkrete Bestimmen der kaufentscheidenden Faktoren. Als Arbeitsbasis kann die Übersicht auf S. 174f. dienen.

6 Individuelle Lösungen, je nach Ausbildungsbetrieb.
Entscheidend ist hier eine möglichst konkrete Beschreibung der Zielgruppen. Als zusätzliche Arbeitsbasis können hier auch die Kundentypologien auf S. 175ff. dienen.

7 a) Individuelle Lösungen, je nach Ausbildungsbetrieb.
Beispiele: S. 179

b) Der Kundenwert ergibt sich annäherungsweise durch die geschätzten zukünftigen Einkäufe eines Kunden. Weil die künftigen Ausgaben eines Kunden nur sehr grob abgeschätzt werden können, ist der Kundenwert weitgehend eine theoretische Größe. Er gibt aber an, mit welchem Kaufvolumen durch die Bindung eines Kunden in der Zukunft zu rechnen ist.

7 Kunden gewinnen und binden

Lehrbuch Seite 180f.

Handlungssituation

- Kundengewinnung und Kundenbindung

Gemeinsamkeiten (Auswahl)	Unterschiede (Auswahl)
– Bestandteil der Kommunikationspolitik eines Einzelhandelsunternehmens – Zielgruppen (zumindest zum Teil) – Ziel (Sicherung des Überlebens eines Unternehmens) – …	– Zielgruppen (zumindest zum Teil) – Budget im Rahmen der gesamten Kommunikationspolitik – Wichtigkeit aus der Sicht von Verkaufsmitarbeitern – Instrumente und Methoden – …

- Kundenbindungsmaßnahmen (Auswahl)
Herkömmliche Maßnahmen

Maßnahme	Erläuterungen, Beispiele
Service	– Warenabhängige Serviceleistungen (ohne sie ist ein Verkauf der Ware nicht möglich) – Warenunabhängiger Service (kostenlos oder kostenpflichtig)
Sonderaktionen, Events	Aktionstage oder -wochen
Warenproben, Draufgaben	Warenproben sind kleine Mengen eines Artikels, die zum Kauf anregen sollen, z. B. Kosmetikproben
Treuerabatte	Stammkunden erhalten beim Einkauf einen Treuerabatt.
Kundenkarten	Kundenkarten werden an besondere Kunden ausgegeben, bei jedem Einkauf werden die Umsatz- und Artikeldaten elektronisch erfasst und genutzt. Über Kundenkarten ist oft auch eine bargeldlose Zahlung möglich, was Wartezeiten an der Kasse verringert. Meist ist damit auch eine Kreditfunktion für Kunden verbunden, da der Kaufbetrag erst später abgebucht wird.
Payback-Karten	Bei Payback-Karten können die Kunden Umsatzpunkte (bei verschiedenen Einzelhändlern) sammeln. Je nach Punkteguthaben können Gutschriften oder Sachprämien ausgegeben werden.

Kundenwerbung	Wenn ein Stammkunde einen neuen Kunden wirbt, erhält er Gutschein, Gutschriften, Rabatte oder Sachprämien.
Garantien	Stammkunden erhalten verbesserte Garantiebedingungen.
Bestellservice, Lieferservice	Stammkunden können ihre Waren telefonisch, per Fax, brieflich oder per E-Mail aufgeben. Sie bezahlen meist per Rechnung oder mit Kundenkarten. Häufig wird auch ein Lieferservice angeboten
Zusatzleistungen	Stammkunden werden z. T. zusätzliche Dienstleistungen angeboten (meist kostenlos oder zu reduzierten Preisen), z. B. Bringen der Ware
Geschenke	
Spezielle Kundenaktionen	Hierzu gehören Aktionen, die sich zwar an alle Kunden richten, jedoch für Stammkunden bestimmte Vorteile beinhalten.
Win-Win-Win-Situationen, Verbundangebote schaffen	Zwischen Einzelhändler und Kunde sollten immer Win-Win-Situationen ablaufen. Wenn zusätzlich noch eine dritte Partei eingebunden werden kann und dadurch der Zusatznutzen für alle Beteiligte erhöht wird, spricht man von Win-Win-Win-Situationen.
Kundenbriefe	Kunden werden persönlich angeschrieben und auf Sortimentneuigkeiten oder Aktionen hingewiesen. Häufig werden auch zu besonderen Anlässen (Geburtstage, Jubiläen) Grußkarten mit Warengutscheinen versendet
Kundenclubs	Kundenclubs werden oft von Einzelhändlern eingerichtet bzw. unterstützt,
Kundenzeitungen	Kundenzeitungen dienen der Information und Unterhaltung der Kunden z. B.: Ein Baumarkt gibt eine Kundenzeitung heraus, in der über Renovierungen, Umzugs- und Umbaumaßnahmen in Häusern berichtet wird, für Kinder gibt es eine besondere Beilage für Bastelarbeiten.

Kundenbindungsmaßnahmen im Internet

Maßnahme	**Erläuterungen, Beispiele**
Web-Site	Die Web-Site ist die virtuelle Visitenkarte eines Einzelhändlers. Hier kann er Informationen zu seinem Sortiment und zu seinem Geschäft publizieren.
Download-Bereich	Downloads sind Dateien, die sich der Besucher einer Web-Site auf seinen Rechner laden kann.
FAQ-Bereich (Bereich für häufig gestellte Fragen)	Auf der Web-Site wird ein FAQ-Bereich eingerichtet (FAQ = Freqently asked questons, das sind häufig gestellte Fragen); hier können sich Kunden informieren und der Einzelhändler ist von Standardfragen entlastet.
E-Mail	Der Einzelhändler verschickt E-Mails an Kunden, die damit einverstanden sind (unverlangte Werbe-E-Mails sind verboten).
Newsletter	Newsletter sind regelmäßig erscheinende E-Mails an Kunden, die ausdrücklich diese Informationen angefordert haben; meist sind in Newslettern neben reinen Produktinformationen noch zusätzliche nützliche Hinweise für Kunden vorhanden.
Online-Kauf	Viele Einzelhändler bieten über Ihre Web-Site auch den Zugang zu einem Online-Shop an. Dieser kann frei zugänglich oder nur für bestimmte Kundengruppen geöffnet sein.
Chat	Chatten ist schriftliches Kommunizieren via Internet, einige Einzelhändler nutzen diesen Dienst.

Lehrbuch Seite 194

1 Eine Win-Win-Situation ergibt sich im Einzelhandel zwischen Kunde und Unternehmen, wenn durch den Kauf beide Beteiligte einen Vorteil erhalten, der von ihnen bewusst als solcher wahrgenommen wird.

2 a) Der Grundnutzen eines Produktes besteht meist darin, ein Grundbedürfnis zu befriedigen. So sollen Lebensmittel Hunger und Durst stillen, Bekleidung vor Kälte schützen usw. Mit zunehmender befriedigung der Grundbedürfnisse haben sich die Produkte angepasst. So sollen Lebensmittel nicht nur Sättigkeit erzeugen, sondern zusätzlich gut schmecken, frisch und abwechslungsreich sein und ggf. auch Statussymbole sein (z. B. bei der Gästebewirtung). Hierin drückt sich der Zusatznutzen der Produkte aus.

b)

Produkt	Grundnutzen	Zusatznutzen
Handy	Mobile Kommunikation	Image, Foto-Shooting
Fernseher	Unterhaltung, Information	Image, Wohndesign
Handtasche	Transport von Utensilien	Schmuck, Statussymbol (Marke), Modeaccessoires
Turnschuhe	Fußbekleidung im Sport	Statussymbol (Marke), Gruppenzugehörigkeit

c) Vielfach sind die Konsumartikel im Einzelhandel weitgehend austauschbar, sie unterscheiden sich jedoch signifikant durch ihren Zusatznutzen, wobei insbesondere das Image eines Produktes zunehmend Bedeutung erhalten hat. Insofern vollzieht sich der Wettbewerb insbesondere bei der Werbung über den Zusatznutzen von Waren.

3 Kundenzufriedenheit erhöht die Wahrscheinlichkeit, dass Kunden zu Stammkunden werden oder Kunden das Geschäft ihren Bekannten empfehlen. Dies ermöglicht weitere Umsätze. Somit sichert Kundenzufriedenheit weitgehend den Bestand eines Unternehmens am Markt. Dies ist Voraussetzung für die Schaffung und Erhaltung von Arbeitsplätzen im Einzelhandel.

4 Individuelle Lösungen.

5 Sämtliche Aufwendungen müssen in einem Unternehmen betriebswirtschaftlich vertretbar sein. Hierzu sind Kennzahlen vielfach ein geeignetes Instrument. Investitionen in Kundenzufriedenheit und Kundenbindung müssen sich rentieren, insofern sind sie messbar zu machen. Nur so kann die Wirksamkeit von entsprechenden Marketingmaßnahmen kontrolliert werden. Kundenzufriedenheit und Kundenbindung sind qualitative Größen, die nicht direkt gemessen werden können. Daher sind z. T. aufwendige Verfahren erforderlich, die Veränderungen dieser Größen erfassen sollen.

6 Individuelle Lösungen.
Hilfreich sind hier insbesondere die Seiten 186 ff. im Lehrbuch.

7 Individuelle Lösungen.
Hier geht es um die Erarbeitung verschiedener Alternativen. Als Hilfen sind insbesondere die Web-Präsenzen von Konkurrenzunternehmen zu sehen. Hier finden sich zahlreiche Anregungen.

Beispiele für Vorgaben an die Webagentur:

- Logo des Unternehmens soll auf allen Seiten an der gleichen Stelle erscheinen.
- Der gesamte Web-Auftritt soll den Vorgaben für „barrierefreies Web" entsprechen (vgl. hierzu insbesondere die Seiten von http://www.barrierefreies-webdesign.de).
- Durchgängig soll auf allen Seiten die gleiche Schriftart und -farbe erscheinen.
- Die Navigation durch die Seiten soll selbsterklärend und gleichartig sein.
- Folgende Bereiche sollen vorhanden sein:
  - Übersicht der Verkaufsabteilungen mit Fotos der Abteilungsleiter,
  - Übersicht der Serviceleistungen,
  - Angebote des Tages (der Woche, des Monats ...),
  - FAQ-Bereich,
  - Abo des Newsletters,
  - Kundenclub,
  - Download-Area (Besondere „Goodies", z. B. Kochrezepte als Download),
  - Sonderangebote der Saison (aktuell + künftige),
  - Anfahrtswege (Pkw + öffentliche Verkehrsmittel),
  - Impressum gemäß gesetzlichen Anforderungen.
- Die einzelnen Bereiche sollen sich klar voneinander unterscheiden, z. B. durch Verwendung von dezenten Hintergrundfarben.
- Die Startseite soll keine „Spielereien" (Flash-Animationen u. Ä.) enthalten.
- Kurze Ladezeiten für Fotos von Produkten u. Ä. sind erwünscht.
- ...

8 Ein Kundenbeziehungsmanagement gibt die Grundsätze vor, nach denen Kundenbeziehungen zu gestalten sind, und überprüft deren Einhaltung. Konkret werden z. B. Regeln für Mitarbeiter formuliert, wie sie sich in bestimmten Situationen im Zusammenhang mit Kunden zu verhalten haben. Dies ist erforderlich, damit nicht jeder Mitarbeiter nach seinem persönlichen Belieben vorgeht. Insofern ist Kundenbeziehungsmanagement immer auch Chefsache. Die Leitungsinstanzen geben darüber hinaus vor, wie bestimmte Geschäftsprozesse ablaufen müssen, damit sie einerseits wirtschaftlich und andererseits kundenorientiert sind.

9 Ein Data-Warehouse ist ein computergestützes Konzept für Kundenbeziehungsmanagement. Es verfügt über Werkzeuge zum Verknüpfen und Auswerten betriebsinterner und -externer Daten.

Wiederholung zum 12. Lernfeld: Mit Marketingkonzepten Kunden gewinnen und binden

Übungsaufgaben

Lehrbuch Seite 194 ff.

1 a) Marketing bezeichnet eine Unternehmenspolitik, bei der sich alle Entscheidungen konsequent auf den Markt ausrichten. Es wird also „vom Markt her" geführt.

b) Absatz- und Beschaffungsmarketing unterscheiden sich hinsichtlich der zu bearbeitenden Märkte. Absatzmarketing hat den Absatzmarkt, also den Verkauf von Produkten im Fokus und Beschaffungsmarketing beschäftigt sich mit dem Beschaffungsmarkt, also dem Einkauf der Waren. Gemeinsam haben sie die Methoden und Instrumente. In beiden Ausrichtungen wird Marktforschung betrieben. Es wird ferner Konditionenpolitik, Preispolitik usw. praktiziert.

c)

Marketinginstrumente	Beispiele
Sortimentspolitik	■ Bestimmen des Kernsortiments ■ Bestimmen von Breite und Tiefe des Sortiments ■ Auswahl des Randsortiments
Preispolitik	■ Kalkulation des Verkaufspreises ■ Mischkalkulation ■ Kalkulation von Sonderangeboten
Servicepolitik	■ Bestimmen von Serviceleistungen (warenabhängige und warenunabhängige Leistungen) ■ Ermittlung der Kosten für Service und Entscheidung über kostenpflichtigen und kostenlosen Service ■ Bestimmen der Servicestrategie
Kommunikationspolitik	■ Werbung ■ Verkaufsförderung ■ Öffentlichkeitsarbeit
Verkaufsstellenpolitik	■ Gestaltung der Ladeneinrichtung ■ Gestaltung der Schaufenster ■ Gestaltung der Außenfront des Geschäftes

d) Marketing-Mix beschreibt die zielorientierte Kombination der Marketinginstrumente.
Beispiele:

- Im Rahmen der Werbung werden bestimmte Logos und Slogans verwendet, diese müssen mit den Maßnahmen der Verkaufsförderung im Geschäft abgestimmt sein.
- Die Sortimentspolitik legt u.a. das Kernsortiment fest. Sie muss mit der Servicepolitik abgestimmt werden, damit Serviceleistungen angeboten werden, die zum Sortiment passen.
- Die Preispolitik muss mit allen anderen Marketinginstrumenten abgestimmt werden, da über den Verkaufspreis die Aufwendungen für Marketingmaßnahmen erwirtschaftet werden müssen.

2
- Die **Marketingplanung** eines Unternehmens richtet sich an den betrieblichen Zielen aus. In einem Marketingplan wird festgelegt, in welchem Zeitraum diese Ziele zu erreichen sind und welche Maßnahmen zur Zielerreichung eingesetzt werden.
- Ein **Marketingkonzept** umfasst alle kurz- bis langfristigen Entscheidungen zur Erhaltung der Marktfähigkeit eines Unternehmens. Es zeigt sich dem Kunden insbesondere durch die Sortimentszusammensetzung und -darbietung in den verschiedenen Vertriebsformen und Bedienungsformen.
- Unter einer **Marketingstrategie** versteht man zeitlich festgesetzte Verhaltensgrundsätze auf dem Markt, um das Marketingkonzept und die Marketingplanung umzusetzen, z.B. Strategie der Anpassung, der Differenzierung, der Marktdurchdringung usw.

Marketingplanung, Marketingkonzept und Marketingstrategie sind somit untrennbar miteinander verbunden.

3 Individuelle Lösungen.
Hier kommt es darauf an, z.B. über das Internet Standortfaktoren zu recherchieren. Insbesondere sind Standortmarketingkonzepte der betreffenden Stadt zu untersuchen. Wichtig sind dabei Fördermaßnahmen der Stadt.

4 Individuelle Lösungen.

a) Liste wichtiger Informationen (Auswahl)
- Alter der Kunden
- Einzugsbereich der Kunden
- Wie oft haben die Kunden bereits im Geschäft eingekauft?
- Würden die Kunden das Geschäft weiterempfehlen?
- Zufriedenheit der Kunden mit dem Sortiment (Was fehlt?)
- Zufriedenheit der Kunden mit der Ladenausstattung

- Zufriedenheit mit Verkaufsberatung durch Mitarbeiter
- Kritikpunkte der Kunden
- Wie wurden Kunden auf das Geschäft aufmerksam? (Schaufenster, Anzeige usw.)

b) **Interviewbogen** (Beispiel)
Der Interviewer kreuzt auf dem Bogen die Antworten der Befragten an

	Noten					
Frage	**1**	**2**	**3**	**4**	**5**	**6**
Wie zufrieden sind Sie mit unserem Sortiment?						
Wie gefällt Ihnen unsere Ladenausstattung?						
Wie sind Sie mit unserer Beratung zufrieden?						

Welche Produkte haben Sie bei uns vermisst?

___

___

___

Weitere statistische Fragen

- Postleitzahl des Wohnortes: [ ]
- Wie wurden Sie auf unser Geschäft aufmerksam?
  Zufall ❑, Empfehlung ❑, Anzeige ❑, Plakat ❑
- Alter des Befragten: [ ] Geschlecht: männlich ❑ weiblich ❑

c) **Erfassungsbogen für Kundendaten** (Beispiel)

Fotofachgeschäft Schmitz & Sohn KG

Liebe Kunden!
Machen Sie mit bei unserem Preisausschreiben!
Gewinne im Wert von 10.000,- Euro !!!!
Digitalkameras, Camcorder, Bilderrahmen ...
Ergänzen Sie lediglich folgenden Satz!

Alles für den Foto-Bedarf bei Schmitz & [ ]!

Bitte geben Sie hier Ihre Daten an, Sie helfen uns damit bei unserer Auswertung!

Name: [ ] Vorname: [ ] Alter: [ ]
Straße: [ ] PLZ: [ ] Wohnort: [ ]
In meinem Haushalt leben [ ] Erwachsene und [ ] Kinder

Ich habe Digitalkamera ❑
Camcorder ❑
Kleinbildkamera ❑

(Datenschutzrechtlicher Hinweis bez. der Speicherung und Weitergabe von Daten erforderlich!)

d) Über das Internet können kostengünstig und schnell Befragungen durchgeführt werden. Dabei ist es möglich, die Zwischenergebnisse auf der Web-Site bekannt zu geben. Allerdings ist die Streuung recht groß, da nicht nur regionale Kunden sich beteiligen können.

e) Kosten einer Kundenbefragung (Beispiele):
- Personalkosten für Befrager
- Personalkosten für Auswerter
- Personalkosten für Entwurf und Test der Befragungsbogen
- Sachkosten für Druck der Befragungsbogen
- Sachkosten für Preise beim Preisausschreiben

(Die gesamte Befragungsaktion kann gegen entsprechendes Honorar an eine Agentur in Auftrag gegeben werden.)

5 a) Die Sortimentsgestaltung ist kein einmaliger Akt, sondern ein permanenter Prozess. Im Zeitablauf ändern sich die Marktverhältnisse (Kundenverhalten, Mitbewerberverhalten, wirtschaftliche und gesellschaftliche Rahmenbedingungen, technische Innovationen usw.). Daher muss das Sortiment eines Einzelhändlers stets den aktuellen und künftigen Bedingungen kundenorientiert angepasst werden. Das Marketingkonzept eines Einzelhandelsunternehmens gibt dabei die Zielrichtung an.
Zu den sortimentspolitischen Entscheidungen gehören insbesondere:
- Sortimentsbereinigung: Artikel werden aus dem Sortiment gestrichen.
- Sortimentserweiterung: Artikel werden neu aufgenommen (Diversifizierung, Differenzierung).
- Sortimentsvariation: Warengruppen werden ausgetauscht.
- Trading-up: Das Sortiment wird qualitativ gehoben.
- Trading-down: Das Sortiment wird qualitativ gesenkt.

b) Individuelle Lösungen.
Anhand der unter a) genannten Kriterien kann eine Beschreibung erfolgen.

c) Individuelle Lösungen.
Hier sind z. B. Gemeinsamkeiten und Unterschiede herauszuarbeiten.

6 a) Maßnahmen der Sortimentskontrolle (Auswahl):
- Umsatzvergleiche im Zeitablauf
- Absatzvergleiche im Zeitablauf
- Lagerbestandsentwicklung
- Reklamationen je Artikel

b) Individuelle Lösungen.

c) Ein Warenwirtschaftssystem liefert artikelgenaue aktuelle Daten für alle Maßnahmen der Sortimentskontrolle. Aus diesen Daten können auch Trends abgeleitet werden. In Verbindung mit externen Daten können wichtige Aussagen über Sortimentsrentabilitäten abgeleitet werden und somit Maßnahmen geplant werden, das Sortiment zu optimieren.

7 Dieser klassische Konflikt wird vornehmlich mit Maßnahmen des Marketings gelöst. Über die Kommunikationspolitik versucht der Einzelhändler seinen Kunden ein möglichst gutes Preis-Leistungs-Verhältnis des Sortiments zu vermitteln. Er stellt seine Produkte so dar, dass die Preise für den Kunden attraktiv erscheinen. Gleichzeitig wird auf der Ebene des Beschaffungsmarketings eine möglichst kostengünstige Beschaffung gestaltet.

8 Bei der Preiskalkulation kommt es darauf an, Preisuntergrenzen zu ermitteln, zu denen ein bestimmter Artikel angeboten werden kann. Hierbei sind die Kalkulationsgrößen der Bezugspreis einer Ware, die Handlungskosten des Unternehmens sowie dessen Gewinnerwartung.
Je nach Marktlage werden folgende Kalkulationsverfahren eingesetzt:
- Vorwärtskalkulation: vom Einstandspreis zum Ladenverkaufspreis
- Rückwärtskalkulation: vom Ladenverkaufspreis zum Einstandspreis
- Differenzkalkulation: vom Einstandspreis und Ladenverkaufspreis zum Gewinn

9 Individuelle Lösungen.
Hier kommt es darauf an, die Vielfalt der im Einzelhandel vorhandenen Serviceleistungen zu sammeln und zu strukturieren. Die Schüler sollen (im Idealfall) aus verschieden Branchen und Betriebsgrößen unterschiedliche Serviceangebote untersuchen. Ferner sollen sie prüfen, inwiefern bestimmte Serviceleistungen aus anderen Unternehmen für ihren eigenen Ausbildungsbetrieb Bedeutung haben könnten.

10 Individuelle Lösungen.
Beispiele (Auswahl):
- Ziele der PR-Maßnahme:
  - Bekanntheitsgrad des Unternehmens steigern
  - Schaffung eines positiven Images (z. B. umweltbewusstes Unternehmen)
- Maßnahmenkatalog:
  - Anzeigen in örtlicher Presse
  - Plakate, Flyer
- Maßnahmenerfolgskontrolle:
  - Vergleiche Vorher/Nacher
  - Vergleiche Soll/Ist

11 Marketingkonzepte werden erstellt, um in der wettbewerbsintensiven Einzelhandelslandschaft überleben zu können. Hierzu zählen verschiedene Aspekte, z. B. die Bedienungsform, die Sortimentszusammenstellung und auch die Betriebsform eines Unternehmens.

12 Der Gast hat weitgehend Recht. Bei Fernabsatzgeschäften gelten besondere Verbraucherschutzrechte, insbesondere das Umtauschrecht bei bestimmten Waren. Hierdurch wird eindeutig eine Besserstellung des Kunden erreicht.

13 Ein Einzelhandelsunternehmen steht immer im Spannungsfeld verschiedener Märkte. Es ist insbesondere eingebunden in verschiedene Absatzmärkte (je nach Kundenzielgruppe), in den Wettbewerb mit anderen Unternehmen, den Finanz- und Arbeitsmarkt, den Markt für Immobilien (Standorte) und in verschiedene Beschaffungsmärkte.

14 Marktsituationen ändern sich ständig im Zeitablauf. Technische Innovationen, Aktivitäten von Mitbewerbern, Verhaltensänderungen von Kunden sowie wirtschaftliche, gesellschaftliche und politische Veränderungen zwingen die Unternehmen, sich immer wieder auf andere Marktverhältnisse einzustellen.

15 Eine Mode ist eine eher kurze Erscheinung, die insbesondere Bekleidung betrifft. Trends sind mittel- bis langfristige Veränderungen auf einem Markt.

16 Individuelle Lösungen.
Hier kommt es darauf an, konkrete Produkteigenschaften aufzulisten und empirisch eine Hierarchie der kaufentscheidenden Faktoren zu erstellen. Den Schülern soll dabei deutlich werden, dass diese Faktoren individuell verschieden sein können. Diese Erkenntnis ist hilfreich beim Führen von Verkaufsgesprächen und bei Produktbeschreibungen in der Werbung, z. B. auf Plakaten.

17 Der Kundenwert gibt näherungsweise an, welche Umsätze in künftigen Zeitabschnitten (Monat, Jahr) mit einem bestimmten Kunden(-typ) zu erwarten sind. Diese Kenngröße ist u. a. hilfreich bei Entscheidungen in Reklamationsverhandlungen, bei zielgruppenspezifischen Marketingaktionen, bei der Erfolgskontrolle im Rahmen der Kommunikationspolitik.

18 Gerade weil die Aufwendungen für die Akquisition neuer Kunden die Aufwendungen für die Pflege vorhandener Kunden erheblich übersteigen, ist den Kundenbindungsmaßnahmen im Einzelhandel eine herausragende Bedeutung zuzusprechen. Daher hat dieses Sprichwort einen hohen Wahrheitswert. Allerdings gilt es zu beachten, dass der erste Teil der Aussage in der wettbewerbsintensiven Marktsituation des Einzelhandels nicht (mehr) volle Gültigkeit hat.

19 Kundenzufriedenheit und Kundenloyalität sind wesentliche Wettbewerbsfaktoren. Insofern ist es wichtig, diese beiden Sachverhalte genau zu beobachten. Allerdings ist deren quantitative und qualitative Messung problematisch, da sie i. d. R. mit erheblichem Aufwand verbunden ist. Die Ermittlung entsprechender Kennzahlen ist nur näherungsweise möglich.

Gebundene Aufgaben zur Prüfungsvorbereitung

Lehrbuch Seite 196

1 4.

2 4. (bei weiter Auslegung der Frage auch 3., 5.)

3 1., 2.

4 1.

5 1. (C2C), 2. (B2B), 3. Keine Aussage trifft zu, 4. (B2C), 5. (B2C)

6 4.

7 1. (2), 2. (1), 3. (1), 4. (2), 5. (2)

8 2., 5.

9 1., 2., 3., 5.

10 2., 3., 4., 5.

11 1. (1), 2. (4), 3. (1), 4. (4), 5. (2), 6. (3), 7. (2), 8. (3)

12 1., 4.

13 1., 3., 4., 5.

14 1. (1), 2. (1), 3. (3), 4. (2), (1)

15 1. (2), 2. (1), 3. (2), 4. (1), 5. (2)

Lernsituation zu Lernfeld 12: Mit Marketingkonzepten Kunden gewinnen und binden

Lernsituation:	**Wir entwickeln einen Erfassungsbogen zur Beobachtung des Kundenverhaltens in unserem Ausbildungsbetrieb**
Lehrbuchkapitel: 4	Maktforschung als Basis des Marketings
Lernvoraussetzungen:	Informationen im Marketingnutzen

Schul-/Ausbildungsjahr	3	Zeitrichtwert:	U-Std. 3–4

Handlungssituation

Mehmet ist seit kurzem in der Abteilung „Neue Medien" eingesetzt und diskutiert während einer Pause mit seinem Substituten über die Gestaltung des Ladens. Er sagt: *„Wenn man unser Geschäft betritt und will sich einen neuen PC kaufen, dann muss man quer durch den ganzen Laden gehen, um in unsere Abteilung zu kommen. Zuerst muss der Kunde durch die Regale mit Küchenartikeln wie Mixer, Bügeleisen usw., dann geht man durch die Abteilung für Telekommunikation und Handys und erst dann ist der Kunde bei uns. Ich fände es besser, wenn wir direkt am Eingang wären, dann hätten wir sicher noch mehr Umsatz."* Sein Substitut antwortet darauf: *„Mehmet, was du da sagst, ist doch Quatsch. Die Kunden sollen doch bewusst durch verschiedene Abteilungen gehen, damit auch Spontankäufe ermöglicht werden. Was meinst du denn, warum unsere umsatzstärkste Abteilung, TV und Hi-Fi-Anlagen im hintersten Teil unserer Filiale angesiedelt ist? Die Geschäftsleitung hat durch Kundenbeobachtungen in vielen anderen Filialen herausgefunden, wie sich Kunden verhalten. Sie gehen nicht immer zielstrebig zu den Artikeln, die sie eigentlich kaufen wollen, sondern schlendern auch ganz gerne mal im Laden umher. Dabei entdecken sie dann häufig Waren, die sie spontan kaufen. Da sind wir als Verkäufer gefragt, wir müssen solche Kunden ansprechen und ihnen entsprechende Angebote machen."*

Mehmet fragt daraufhin: *„Wie kann man denn das Verhalten von Kunden beobachten, um daraus Schlüsse zu ziehen für die Ladengestaltung und für die Kundenansprache abzuleiten?"* Er bekommt zur Antwort: *„Mehmet, das ist ganz einfach! Ich habe das in meiner Ausbildung damals mal mitmachen dürfen. Du verteilst an verschiedene Mitarbeiter Beobachtungsbogen, die müssen dann von ihnen ausgefüllt werden. Anschließend werden die Daten von der Geschäftsleitung ausgewertet. Ich fand das damals ganz interessant, während der Beobachtung war ich von allen anderen Arbeiten freigestellt. Ich brauchte nur den Kunden zuzusehen und meine Eintragungen in dem Bogen zu machen. Zwei Monate später wurde dann die ganze Filiale umgebaut."*

Arbeitsaufträge

- Erstellen Sie eine Liste von Verhaltensmerkmalen von Kunden, die zu beobachten sind, z. B. Dauer des Aufenthalts im Laden, Laufwege im Geschäft usw.
- Entwickeln Sie einen Beobachtungsbogen für Ihren Ausbildungsbetrieb. Ziel ist es, das Verhalten der Kunden in den Geschäftsräumen zu beobachten. Dieser Bogen soll so gestaltet sein, dass er nach sehr kurzer Einweisung der Mitarbeiter eingesetzt werden kann.

Bilden Sie für diese Arbeitaufträge mindestens vier Gruppen.

Handlungsphasen und Handlungsergebnisse

Handlungsphasen	Unterrichtsziele und -inhalte	Sozialform, Methoden, Medien	Zeitrichtwert in Min.
Analysieren	■ Erkennen der Notwendigkeit, Kundenverhalten zu beobachten ■ Sammeln von Beobachtungskriterien z. B.: – Dauer des Aufenthalts im Laden, – Laufwege im Geschäft – Kontaktaufnahme zu Verkäufern durch Kunden – Kontaktaufnahme zu Kunden durch Verkäufer – Dauer des Verkaufs-, Beratungsgespräches – Kauf von Zusatzartikeln – Wahrnehmung von Sonderangeboten usw. – Mitnahme von Prospekten – Verhalten an der Kasse (Kauf von Kleinartikeln im Kassenbereich)	■ Brainstorming in der Gruppe ggf. Brainwriting ■ Sammeln der Kriterien auf Tafel, Flipchart oder Plakat	20 Min.
Planen	■ Die gesammelten Beobachtungskriterien werden in eine Rangfolge gebracht, ggf. werden einige Kriterien gestrichen, damit der Beobachtungsbogen überschaubar und handhabbar bleibt ■ Aus den Kriterien sind ggf. Fragen bzw. Zustandsbeschreibungen für den Bogen abzuleiten	Gruppendiskussionen und Entscheidungsfindung in den Gruppen	20 Min.
Durchführen	Der Beobachtungsbogen wird entworfen: ■ Layout ■ Reihenfolge der Beobachtungskriterien ■ Formulierungen der Beobachtungskriterien	Gruppenarbeit	30 Min.
Bewerten	■ Die Arbeitsergebnisse der Gruppen werden jeweils vorgestellt und kommentiert. ■ Fragen aus der Klasse werden von den vortragenden Gruppen geklärt	Klassenverband	30 Min.
Reflektieren	■ Die Vorgehensweise der Arbeit wird kritisch untersucht ■ Alternativen werden besprochen (z. B. Untersuchen und Modifizieren von vorgegebenen Beobachtungsbogen) ■ Die praktische Umsetzung wird diskutiert (Personalaufwand, Kosten, Auswertungsaufwand usw.) ■ Schlussfolgerungen werden abgeleitet für die Gestaltung des Ladens, für die Kundenansprache usw.	Klassenverband	30 Min.

Beobachtungsbogen zur Kundenanalyse (Beispiel)

Beobachter (Name)		
Beobachtungstag (Datum)		
Beobachtungsbeginn: ☐	Beobachtungsende: ☐	
Beobachtungsstandort		
Kunden	Einzelbesuch ❑ männlich ☐ ❑ weiblich ☐ Alter (geschätzt) ☐	Gruppenbesuch a) Erwachsene ❑ männlich ☐ ❑ weiblich ☐ b) Anzahl Kinder ☐
Besondere Bemerkungen Zu Kunden		

Kundenlauf durch das Geschäft:

Passierte Abteilung	**Kaufabschluss ja**	**nein**	**Beobachtete Waren**	**Aufenthaltsdauer in Min**
A	❑	❑		
B	❑	❑		
C	❑	❑		
D	❑	❑		
E	❑	❑		
F	❑	❑		
G	❑	❑		
H	❑	❑		

Verhalten an der Kasse: Kauf von Impulsartikeln ❑ Nutzung von Kundenkarte ❑
Zahlungsform: Bar ❑ EC-Karte ❑ Kreditkarte ❑ Ratenzahlung ❑
Inanspruchnahme von Serviceleistungen: Verpackung ❑ Anlieferung ❑ Montage ❑

Lernfeld 13: Personaleinsatz planen und Mitarbeiter führen

1 Personalwirtschaftliche Aufgaben im Betrieb

Lehrbuch Seite 199

Handlungssituation

- Die Aufgaben der Personalwirtschaft können anhand der Zusammenfassung im Lehrbuch auf S. 201 erarbeitet werden.
- Das Personalinformationssystem stellt Daten der Mitarbeiterinnen und Mitarbeiter zentral bereit, um Entscheidungen vorzubereiten und Verwaltungsarbeiten zu optimieren.

Lehrbuch Seite 201

1 Vorteile liegen in der Minimierung der Personalkosten und in der Effizienzsteigerung der Warenwirtschaft. Nachteil ist die Substitution des Produktionsfaktors Arbeit durch Kapital und die damit verbundene Freisetzung von Arbeitskräften.

2 **Personalplanung**
- Personalbedarf
- Personaleinsatz
- Personalfreisetzung

Personalentlohnung
- Lohn- und Lohnnebenkosten

Personalbetreuung
- Sozialleistungen

Personalpolitik
- betriebliche Mitbestimmung

3 Individuelle Lösung.

2 Personalbedarf- und Personaleinsatzplanung

Lehrbuch Seite 201 f.

Handlungssituation

- Elena Gutowski stellt folgenden Personalbedarfsplan auf:

Personalbedarfsplan	Abteilung Rechnungswesen
Ist-Personalbestand am Anfang des Jahres – voraussichtliche Personalabgänge + erwartete Personalzugänge	6 – 3 + 2
= Zwischensumme (4 Vollzeitkräfte + 2 Teilzeitkräfte) Soll-Personalbestand	5 7
erforderlicher Personalbedarf/-abbau	+ 2

Der Personalbedarf der Abteilung beträgt also zwei Mitarbeiter. Bei den Personalabgängen war zu berücksichtigen, dass neben den beiden Abgängen durch Alter und Versetzung zwei Mitarbeiterinnen nur noch halbtags zur Verfügung stehen, also nur eine volle Stelle besetzen. Über welche Qualifikation die Mitarbeiter verfügen müssen, geht aus dem Bedarfsplan nicht hervor. Auskunft hierüber geben der Stellenbesetzungsplan und die Stellenbeschreibung.

- Die Stellenbeschreibung kann anhand der Abbildung im Lehrbuch auf S. 203 erstellt werden.

Lehrbuch Seite 205

1 Individuelle Lösung.

2

Personaleinsatzplan Textil/Sport							50. KW
Name	Montag	Dienstag	Mittwoch	Donnerstag	Freitag	Samstag	Summe
Gutowski	8	8	–	8A	5,5	8	37,5
Schmitt	8U	8U	8	8,5	–	8	40,5
Schneiders	–	4K+4	8	8	8	8	40
Fischer	4	4	8	8	8	–	32,0
Alt	8	8	7,5	8	8	8	39,5
Jung	8	–	7,5	8	8	8	39,5
Freund	8	8	8,5K	5K	8K	–	37,5

A = betrieblich außer Haus, U = Urlaub, K= Krankheit

3 Mithilfe der Stellenplanmethode kann aus der Differenz von Personalbestand und Stellenbestand der Personalbedarf ermittelt werden.

4 Für die Erstellung der Stellenbeschreibung kann folgende Gliederung verwendet werden:

Stellenbeschreibung	
Stellenbezeichnung Stelleneinordnung – Unterstellung – Überstellung Stellenaufgabe Stellenziele Stellenbefugnisse Stellenverantwortung Stellenvertretung – vertritt – wird vertreten Stellenanforderungen – Ausbildung – Erfahrungen – Kenntnisse	

5 Individuelle Lösung.

6 3.

3 Personalbeschaffung

Lehrbuch Seite 206

Handlungssituation

- Auch für die Center Warenhaus GmbH bieten sich die Wege der internen und der externen Personalbeschaffung an. Die Stelle eines Abteilungsleiters Verkauf/Marketing könnte z.B. im Zuge der innerbetrieblichen Stellenausschreibung besetzt werden. Auf dem Wege der externen Personalbeschaffung könnte die Stelle über eine Stellenanzeige in der Tageszeitung besetzt werden.
- Individuelle Lösung.

Lehrbuch Seite 208

1 a) Gem. § 93 BetrVerfG kann der Betriebsrat verlangen, dass eine zu besetzende Stelle im Zuge der innerbetrieblichen Stellenausschreibung besetzt wird. Dieses fördert die Motivation der Mitarbeiter, denen die Möglichkeit des Aufstiegs gegeben wird, erleichtert die Einarbeitung und verursacht geringere Beschaffungskosten als die externe Personalbeschaffung.

b) Die Versetzung ist sinnvoll, wenn sich die Anzahl bestimmter Arbeitsplätze in einem Unternehmen verringert und dafür neue, andere Arbeitsplätze eingerichtet werden müssen. Entspricht die am neuen Arbeitsplatz zu leistende Arbeit inhaltlich, bezüglich des Ortes der Leistungserbringung oder der Entlohnung nicht den Vereinbarungen im Arbeitsvertrag, ist eine Änderungskündigung erforderlich.

c) Mehrarbeit bietet sich bei kurzfristigen Spitzen im Leistungsbedarf an.

d) Fort- und Weiterbildung ist ein wichtiges Instrument der Personalentwicklung. Mit ihr werden folgende Ziele angestrebt:
- Bereitstellung qualifizierter Mitarbeiter,
- Unterstützung weiterbildungsbereiter Mitarbeiter,
- Sicherung qualifizierten Nachwuchses,
- Verbesserung des Führungsverhaltens,
- Verminderung der Fluktuation und
- Verbesserung des Bildes des Unternehmens in der Öffentlichkeit.

2 Die inhaltliche Gestaltung der Stellenanzeige kann sich an folgendem Schema orientieren:
Wir sind: das Unternehmen
Wir haben: die freie Stelle
Wir suchen: die Anforderungsmerkmale
Wir bieten: die Leistungen
Wir bitten: die Bewerbungsunterlagen

3 Die Anzeige sollte in zeitlichem Zusammenhang mit dem Schuljahrsende der allgemein bildenden Schulen und der Höheren Handelsschule erscheinen.
Hierbei ist eine angemessene Vorlaufzeit zu berücksichtigen. Als Werbeträger kommen regionale Tageszeitungen in Betracht.

4 Personalleasing-Unternehmen verleihen bei ihnen beschäftigte Arbeitnehmer an andere Unternehmen. Diese Form der Personalbeschaffung eignet sich für Arbeitnehmer, die kurzfristig im Unternehmen beschäftigt werden sollen.

5 Individuelle Lösung.

Vorteile für den Arbeitgeber	Vorteile für den Arbeitnehmer
■ geringeres Risiko der Fehleinstellung ■ Trennung nach Ablauf der vorgesehenen Zeit ist einfacher ■ sofortige Verfügbarkeit von Arbeitsnehmern	■ flexible Arbeitszeitgestaltung ■ abwechslungsreiche Tätigkeit ■ Kontakte für spätere Festanstellung
Nachteile für den Arbeitgeber	**Nachteile für den Arbeitnehmer**
■ höhere Kosten ■ geringere Identifikation mit dem Unternehmen ■ Schweigepflicht	■ kein dauerhafter Arbeitsplatz ■ keine betrieblichen Sonderleistungen wie Weihnachts-, Urlaubsgeld

Materialbeschaffung bei
- Bundesverband Personal-Leasing, Darmstadt
- Unternehmensverband für Zeit-Arbeit e.V., Frankfurt

4 Personalführung, -entwicklung, -beurteilung und Umgang mit Konflikten

Lehrbuch Seite 209

Handlungssituation

- **Führungsstile:**
  - autoritativer Führungsstil
    Vorgesetzter entscheidet und ordnet an
  - kooperativer Führungsstil
    Vorgesetzter delegiert und fungiert als Koordinator
- Im Einzelhandel werden Mehrleistungen durch Gewährung einer Prämie zum vereinbarten Grundlohn gefördert (vgl. im Lehrbuch S. 237 f.). Prämien werden z. B. gezahlt für das Überschreiten eines vorgegebenen Umsatzes, den Verkauf modischer, teurer, auslaufender Artikel oder die Überschreitung der durchschnittlichen Verkäuferleistung.
- Durch eine regelmäßige und systematische Beurteilung können Mitarbeiter richtig geführt werden. Die Beurteilung anhand transparenter und nachvollziehbarer Kriterien verringert Fehlermöglichkeinten und Willkür bei Personaleinsatz und -förderung.
- Klärung der Konfliktursachen, Benennung der Konfliktparteien und Berücksichtigung der Regeln zur Konfliktbehandlung.

Lehrbuch Seite 214

1 Führung des Unternehmens als Ganzes – Unternehmensführung
Führung der Mitarbeiterinnen und Mitarbeiter – Personalführung

2 Beim Organigramm der Center Warenhaus GmbH handelt es sich um eine reine Linienorganisation mit lediglich zwei Stabsstellen. Aus diesem Grunde kann angenommen werden, dass die Geschäftsleitung einen autoritativen Führungsstil praktiziert.

3 **Vorteile**
- Objektivierung der Personalarbeit
- Verbesserung der Führungsqualität
- Einheitlichkeit des Führungsverhaltens
- Nutzung des Potenzials der Arbeitnehmer
- Steigerung der Leistung
  In diesem Zusammenhang kann die Regelung zur quartalsweisen Bekanntgabe der Noten für die „Sonstige Mitarbeit" in der Klasse diskutiert werden.

Nachteile
- Arbeitsbelastung
- Konfliktauslösung
- Fehlerträchtigkeit

4 a) Hier könnte anhand der Kompetenzen in Fach-, Methoden und Sozialkompetenz gegliedert werden.
b) Individuelle Lösung. Problematisierung der Operationalisierbarkeit der Kriterien
c) Individuelle Lösung.
d) Die Diskussion kann anhand der Nachteile der Personalbeurteilung (Arbeitsbelastung, Konfliktauslösung, Fehlerträchtigkeit) strukturiert werden.

5 a) Hier könnte anhand der Kompetenzen in Fach-, Methoden und Sozialkompetenz gegliedert werden.
b) Individuelle Lösung.

6 Individuelle Lösung.

5 Personaleinstellung

5.1 Das Stellenangebot

Lehrbuch Seite 214f.

Handlungssituation

- Sabine hat das ganze Wochenende mit dem Formulieren des Textes verbracht. Jetzt legt sie Frau Meys stolz ihren Vorschlag vor (siehe unten):
- Da es sich bei dem gesuchten Mitarbeiter um eine Arbeitskraft der mittleren Hierarchieebene handelt, entscheidet sich Sabine Freund für die regionale Tageszeitung als Werbeträger. Anzeigentermin soll ein Samstag vier Wochen vor dem nächsten Kündigungstermin sein.

CENTER
Warenhaus GmbH

Wir sind ein führendes Warenhaus in Köln. Um der führenden Marktposition und den weiteren Expansionsbestrebungen Rechnung zu tragen, suchen wir ein(e)

Stellvertretenden Abteilungsleiter Verkauf/Marketing

Die Aufgabenschwerpunkte liegen im Bereich Salespromotions und im Aufbau eines Online-Shops.

Die Anforderungen:
- Erfolgreiche Praxis in Vertrieb oder Marketing
- Hohe IT-Kompetenz
- Organisatorisches Geschick und Umsicht auch in Belastungsspitzen
- Kontaktfreude, Verhandlungsstärke und sicheres, aber verbindliches Auftreten
- Verhandlungssicheres Englisch, wünschenswert auch Französisch oder Italienisch

Wenn Sie um 30 Jahre alt und jetzt als Verkaufs- oder Marketingmitarbeiter tätig sind, über IT-Kenntnisse verfügen und sich die Bewältigung dieser Position zutrauen, bewerben Sie sich. Senden Sie Ihre Unterlagen an Frau Meys, Center Warenhaus GmbH, Aachener Straße 1250, 50859 Köln

Lehrbuch Seite 216

1 Individuelle Lösung.

2 Individuelle Lösung.

3 Individuelle Lösung.

4 Individuelle Lösung.
Die Strukturierung der Qualifikationen kann anhand der Kategorien
- Fachkompetenz,
- Methodenkompetenz und
- Sozialkompetenz erfolgen. Ggf. kann diskutiert werden, wie diese Qualifikationen im Unterricht der Berufsschule vermittelt werden.

5 Individuelle Lösung.
Regionale Tageszeitungen stellen Schulen für einen befristeten Zeitraum kostenlose Abonnements zur Verfügung.

5.2 Die Bewerbung

Lehrbuch Seite 216f.

Handlungssituation

- Individuelle Lösung.
- Die Entscheidung zwischen Frau Blümel und Herrn Eberle fällt sicherlich im Vorstellungsgespräch, das von den meisten Unternehmern als wesentliche Bewerbungsgrundlage angesehen wird. Die Bewerbungsgespräche können jedoch aufgrund der vorhandenen Informationen vorbereitet werden. Bei der Auswer-

tung der Bewerbungsunterlagen fällt schon jetzt Folgendes auf: Frau Blümel hat in ihren ca. fünf Berufsjahren drei Arbeitsstellen gehabt. Die letzte Kündigung erfolgte „in gegenseitigem Einvernehmen". Dies kann auf Probleme hindeuten. Beide Problemkreise sollten also im Bewerbungsgespräch angesprochen werden. Herr Eberle hat zwar ein hervorragendes Arbeitszeugnis, ist jedoch nicht im Bereich Verkauf/ Marketing tätig gewesen. Hier muss geprüft werden, inwieweit absatzwirtschaftliche Kenntnisse vorhanden sind und ob die Bereitschaft besteht, vorhandene Defizite durch Fortbildungen auszugleichen.

Lehrbuch Seite 220

1 Individuelle Lösung.
Der Lebenslauf sollte folgende Angaben enthalten:
- Name, Vorname
- Wohnort, Straße
- Geburtsdatum, Geburtsort
- Familienstand
- Schulische Ausbildung
- Berufliche Ausbildung
- Prüfungen
- Berufliche Tätigkeiten
- Berufliche Fähigkeiten
- Weiterbildungen
- Ort, Datum, Unterschrift

Anfertigung und Auswertung des Lebenslaufs sollten in Kooperation mit dem Unterrichtsfach Deutsch erfolgen.

2 Individuelle Lösung.
Ein Bewerbungsschreiben sollte folgende Punkte enthalten:
- Absender
- vollständige Adresse des angeschriebenen Unternehmens
- Datum
- Betreff
- Anrede
- Brieftext
- Grußformel
- Anlagen

Zum Stil des Bewerbungsschreibens beachten Sie folgende Regeln:
- Schreiben Sie in der Gegenwartsform!
- Vermeiden Sie Konjunktive!
- Verzichten Sie auf Übertreibungen!
- Schreiben Sie keine Schachtelsätze!
- Formulieren Sie kurz und präzise!

3 Individuelle Lösung.

4 Individuelle Lösung.

5 Individuelle Lösung.

5.3 Eignungsfeststellung und Vorstellungsgespräch

Lehrbuch Seite 220 f.

Handlungssituation

- Als Bewerberin für einen Ausbildungsplatz wird Birgit wahrscheinlich an mehreren Einstellungstests teilnehmen müssen. Dabei kann es sich um Eignungstests und situative Verfahren handeln.
- Individuelle Lösung.

Lehrbuch Seite 222 f.

1 Ursache dürfte unter anderem sein, dass schulische Abschlüsse und Noten immer weniger über die für einen Ausbildungsberuf erforderlichen Qualifikationen aussagen.

2
- **Arbeitsprobe:** Eine Schülerin der Höheren Handelsschule bewirbt sich um einen Ausbildungsplatz als Bürokauffrau. Da sie über PC-Kenntnisse verfügt, wird sie aufgefordert, ein Diktat in den PC einzugeben.
- **Eignungstest:** Test zum sprachlichen Denken:
  Bilden Sie aus den folgenden Buchstabengruppen je einen Tiernamen:
  FEFA (Affe)
  GAJURA (Jaguar)
  PRAFNEK (Karpfen)
  PETSCH (Specht)
  LEFIND (Delfin)
  Test zum rechnerischen Denken:
  Folgende Aufgaben sollen in drei Minuten im Kopf gerechnet werden:

a) Vater und Sohn sind zusammen 85 Jahre alt. Der Vater ist 25 Jahre älter. Wie alt ist der Sohn? (30)
b) Ein Brett ist 7 m breit und 9 m lang. Es soll um 1/7 seiner Fläche verkleinert werden. Wie groß ist es danach? (54 m^2)

c) In einem Korb liegen 42 Äpfel, und zwar doppelt so viel rote wie grüne. Wie viele grüne Äpfel sind es? (14)

d) Setzen Sie die folgenden Zahlenreihen logisch fort:
14, 17, 16, 19, 18, 21 (20)
8, 15, 14, 21, 20, 27 (26)
1, 3, 2, 6, 5, 15, (14)
2, 6, 8, 24, 26, 78 (80)

3 Individuelle Lösung.

4 3.

5.4 Der Arbeitsvertrag

Lehrbuch Seite 223

Handlungssituation

- Die Gegenüberstellung der Rechte und Pflichten kann anhand der Zusammenfassung im Lehrbuch auf Seite 226 erfolgen!
- Frau Monberg hat in zweifacher Weise gegen ihre Pflichten als Arbeitnehmerin verstoßen. Sie hat ein eigenes Handelsgewerbe gegründet und sie hat im Geschäftszweig des Arbeitgebers auf eigene Rechnung Geschäfte gemacht. Das heißt, sie hat das Handelsverbot und das Wettbewerbsverbot verletzt. Frau Monberg kann froh sein, wenn ihr Gruppenleiter es bei einem einfachen Verbot belässt. Nach § 61 HGB hätte er sogar das Recht, Schadenersatz für die Center Warenhaus GmbH zu fordern oder die Herausgabe des Gewinns zu verlangen. Darüber hinaus kann jede Verletzung des Arbeitsvertrages der Grund für eine Kündigung sein.

Lehrbuch Seite 226

1 Einschränkungen erfolgen durch BGB (§§ 611 ff.), HGB (§§ 59 ff.), UWG (§§ 17 ff.) und die Gewerbeordnung, das Arbeitszeitgesetz, Tarifverträge und Betriebsvereinbarungen.

2 **§ 8 Bundesurlaubsgesetz:** *„Während des Urlaubs darf der Arbeitnehmer keine dem Urlaubszweck widersprechende Erwerbstätigkeit leisten."*

3 **§ 9 Bundesurlaubsgesetz:** *„Erkrankt ein Arbeitnehmer während des Urlaubs, so werden die durch ärztliches Zeugnis nachgewiesenen Tage der Arbeitsunfähigkeit auf den Jahresurlaub nicht angerechnet."*

4 Das vom Arbeitgeber ausgestellte Arbeitszeugnis muss alle wesentlichen Tatsachen und Bewertungen enthalten. Es muss wahr sein, wobei ein für den Arbeitnehmer wohlwollender Standpunkt eingenommen werden soll. Dieser findet jedoch im Interesse des künftigen Arbeitgebers seine Grenzen.

Folgende Zeugnisformulierungen geben Aufschluss über die Bewertung:

Zeugnisformulierung	Bewertung
... stets zur vollsten Zufriedenheit ...	sehr gut
... stets zur vollen Zufriedenheit ...	gut
... zur vollen Zufriedenheit ...	befriedigend
... Zufriedenheit ...	ausreichend
... im Großen und Ganzen zur Zufriedenheit	mangelhaft
... hat sich bemüht ...	ungenügend

5 Individuelle Lösung.

6 2.

6 Personalbetreuung

6.1 Verfahren zur Humanisierung der Arbeit

Lehrbuch Seite 227

Handlungssituation

- Individuelle Lösung.
- – Gleitende Arbeitszeit
  – Teilzeitarbeit
  – Telearbeit
- Alle drei der genannten Arbeitszeitformen eignen sich für die besonderen Belange allein erziehender Mütter. Welche Form für Frau Hausberg ideal ist, muss diese vor dem Hintergrund ihrer Betreuungsmöglichkeiten entscheiden.

Lehrbuch Seite 231

1 Humanisierung der Arbeit bedeutet, die Arbeit und den Arbeitsablauf an die Fähigkeiten, Qualifikationen und Bedürfnisse der Mitarbeiter anzupassen.

2 a) **Jobrotation:** Die Mitarbeiter tauschen innerhalb eines festgelegten Arbeitsabschnittes in bestimmten Abständen ihre Arbeitsplätze, wodurch die Arbeit abwechslungsreicher wird.
b) **Jobenlargement:** Mehrere hintereinander geschaltete Arbeitsgänge werden zu einer Aufgabe zusammengefasst.
c) **Jobenrichment:** Es wird versucht, die Arbeit eines Mitarbeiters qualitativ aufzuwerten.

3 Individuelle Lösung.

4 Flexible Arbeitszeiten bringen folgende Vorteile:

Für Arbeitnehmer	Für Arbeitgeber
■ Eigenverantwortlicher Umgang mit Arbeits- und Freizeit ■ Anpassung der Arbeitszeit an persönliche Bedürfnisse usw.	■ Flexible Anpassung an Verkaufsschwankungen ■ Bindung von qualifiziertem Personal ■ Vorteile bei der Suche nach Personal usw.

5 Die Kernarbeitszeit umfasst den Zeitraum, innerhalb dessen die Mitarbeiter Präsenzpflicht haben. Gleitzeit ist der Zeitraum, innerhalb dessen die Mitarbeiter Arbeitsbeginn und -ende wählen können. Teilzeitarbeit umschreibt Arbeitsverhältnisse, bei denen die Mitarbeiter nur einen Teil ihrer tariflichen Arbeitszeit ableisten.

6 Individuelle Lösung. Wichtig ist hier eine Darstellung, die für Mitarbeiter die wesentlichen Inhalte, Vor- und Nachteile sowie die Rahmenbedingungen der Maßnahme beschreibt.

6.2 Möglichkeiten der Weiterqualifizierung

Lehrbuch Seite 232

Handlungssituation

- Individuelle Lösung.
  Instrumente der Personalentwicklung sind:
  - Personalentwicklung into-the-job: Maßnahmen zur Eingliederung in das Unternehmen
  - Personalentwicklung on-the-job: Lernen am eigenen Arbeitsplatz
  - Personalentwicklung off-the-job: Besuch von externen Studiengängen, Seminaren oder Kursen
  - Personalentwicklung near-the-job: Lernen im Unternehmen, z. B. in Qualitätszirkeln
  - Personalentwicklung along-the-job: Maßnahmen, mit denen der berufliche Lebenszyklus eines Mitarbeiters begleitet wird (Karriereplanung)
- Individuelle Lösung.

Lehrbuch Seite 235

1 Individuelle Lösung.

2 Individuelle Lösung.

3 Bei der Durchführung eines Assesment-Centers für Führungskräfte kommen in der Praxis folgende Übungen zum Einsatz:
- Postkorbübung: Für die angestrebte Position typische Vorgänge sind unter Zeitdruck zu bearbeiten.
- Gruppendiskussionen: Diskussion zu beliebigen Themen; beobachtet werden das Durchsetzungs- und Überzeugungsvermögen, aber auch die Kompromissfähigkeit der Bewerber.
- Präsentation: Vorbereitung und Präsentation eines beliebigen Themas unter Zeitdruck.
- Rollenspiel: Zu einem vorgegebenen Thema muss sich der Bewerber mit einem fiktiven Mitarbeiter auseinander setzen.
- Fallstudie: Für ein betriebliches Entscheidungsproblem sind Lösungsansätze zu erarbeiten.

4 Individuelle Lösung.

6.3 Lohn- und Gehaltsabrechnung

6.3.1 Lohnformen und Lohnnebenkosten

Lehrbuch Seite 235

Handlungssituation

- Aus der Sicht von Frau Orth ist das Gehalt Einkommen und damit Voraussetzung der Bedarfsdeckung. Sie strebt ein hohes Gehalt an, um möglichst viele Bedürfnisse befriedigen zu können. Aus der Sicht des Mars Elektrofachmarkts ist das Gehalt Aufwand, das den Gewinn schmälert. Gehalt ist der Preis für den Produktionsfaktor Arbeit, der in die Verkaufspreise der Waren einkalkuliert wird. Je größer die betrieblichen Aufwendungen sind, desto teurer werden die Waren, und desto schwieriger wird der Wettbewerb. Muss sich der Mars Elektrofachmarkt am Marktpreis der Mittbewerber orientieren, wird der Gewinn durch höhere Gehaltsforderungen entsprechend geschmälert.
- Das Gehalt nach Tarifvertrag: $\frac{2860 \cdot 100}{110} = 2600{,}00$ EUR
- Gehälter über Tarifvertrag sind bei Fachkräften mit hoher Produktivität und Wirtschaftlichkeit vertretbar.
- In der Bundesrepublik beträgt der so genannte zweite Lohn aufgrund von gesetzlichen, tariflichen und freiwilligen Sozialleistungen durchweg 75 bis 80 % des Bruttogehaltes. Mit 4000,00 EUR liegt das Gehalt 40 % über dem angebotenen Bruttogehalt. Die Aussage von Frau Feld ist somit nicht übertrieben.

Lehrbuch Seiten 240 f.

1

		1. Woche	2. Woche	3. Woche	4. Woche	5. Woche
	Arbeitsstunden	43,00	38,50	38,50	48,00	38,50
a)	zuschlagsfreie Arbeit	38,50	38,50	38,50	38,50	38,50
b)	Mehrarbeit zu 25 %	4,00	0,00	0,00	4,00	0,00
c)	Mehrarbeit zu 40 %	0,50	0,00	0,00	5,50	0,00

d) 14 Stunden zu 17,00 EUR	238,00
davon 8 mit 25 % Zuschlag	+ 34,00
davon 6 mit 40 % Zuschlag	+ 40,80
	312,80
e) Monatsgehalt	2.873,00
+ Mehrarbeit d)	+ 312,80
Bruttogehalt	3.185,80

2

	A	B	C
Grundgehalt Prämie 0,7 % Umsatzprovision	2100,00 160 · 1,5 = 240,00 8 · 2 = 16,00 470,40	2400,00 250 · 1,5 = 375,00 385,00	2000,00 470 · 1,5 = 705,00 411,25
Bruttogehälter	2826,40	3160,00	3116,25

3 Gehaltserhöhung: $\frac{1470 \cdot 5}{105} = \underline{\underline{70{,}00 \text{ EUR}}}$

4

Kosten vor Erhöhung	3,8 % Erhöhung	Kosten nach Erhöhung
532500,00	20235,00	= 532500 + 20235 = 552735,00
Umsatz vor Erhöhung der Tarifgehälter		**Umsatz nach Erhöhung der Tarifgehälter**
$\frac{532500 \cdot 100}{20} = 2662500{,}00$		$\frac{552735 \cdot 100}{20} = 2763675{,}00$

notwendige Umsatzsteigerung

5 Überstundenvergütung: (8 · 10,20) + (8 · 10,20) · 25 % = 102,00 EUR
Steuerpflichtiges Bruttogehalt: 1900 + 102 + 20 = 2022,00 EUR

6 a) Gewinn: 250000000 − 1800000 = 700000,00 EUR

b) Steigerung der Handlungskosten: $\frac{18000 \cdot 100}{1782000} = 1{,}01\,\%$

c) Preiserhöhung: $\frac{18000 \cdot 100}{2500000} = 0{,}72\,\%$

7 **Vorteile des Zeitlohnes**
- Einfache Abrechnung
- Kein Leistungsdruck, daher gesundheitliche Schonung des Arbeitnehmers

Nachteile des Zeitlohnes
- Kein Leistungsanreiz, dadurch kein Wettbewerb unter den Mitarbeitern
- Sorgfältige und gewissenhafte Arbeit wird nicht belohnt
- Stärkere Kontrolle nötig
- Zeitvorgaben werden immer voll genutzt

8 **Beispiel für Prämienlohn im Einzelhandel**
Umsatzprovision
Prämie bei vorgegebenen Mehrleistungen
- Provision bei Überschreiten des durchschnittlichen Verkäuferumsatzes
- Stückprämie bei Verkauf teurer, ausgefallener oder einzuführender neuer Artikel

9 **Vorteile**
- Anreiz zur Leistungssteigerung und Einkommensverbesserung
- Proportionalität von Kosten und Leistungen
- Stärkere Gruppen- und Teamgemeinschaft und besserer Zusammenhalt der Gruppe
- Gegenseitige Kontrolle der Gruppen- und Teammitglieder

Nachteile
- Leistungsdruck, gesundheitliche Schäden
- Qualitätsminderung (Fehler)
- Verstärkte Qualitäts-/Leistungskontrollen
- Überforderung der Schwächeren durch Gruppen-/Teamleiter
- Spannungen in der Gruppe/im Team, wenn die einzelnen Mitglieder nicht zusammenpassen

10

		1966	1988	1990	1995	2004
	Direktlohn	4615,00	17600,00	18800,00	19600,00	20900,00
	Zusatzlohn	2001,00	14700,00	15750,00	16050,00	17450,00
	Personalkosten	6616,00	32300,00	34550,00	35650,00	38350,00
a)	Anteil des Direktlohnes	69,76	54,49	54,41	54,98	54,50
	Anteil des Zusatzlohnes	30,24	45,51	45,59	45,02	45,50

b)
- Sozialgesetzgebung
- Erhöhung der Beitragssätze und Beitragsbemessungsgrenzen zu den Sozialversicherungen

c)
- Zunahme der Personalkosten
- Zunahme der Handlungskosten
- Gewinnverzicht oder Preissteigerung mit Wettbewerbsnachteilen

11 Individuelle Lösungen.

6.3.2 Vom Grund- zum Bruttolohn oder -gehalt, vom Brutto- zum Nettolohn oder -gehalt

Lehrbuch Seite 242

Handlungssituation
- Die Aussage stimmt nur teilweise. Es handelt sich um Formen der Umverteilung.
  Lohnsteuer, Kirchensteuer, Solidaritätszuschlag: Sie kommen Frau Orth nur so weit zugute, als sie von Einrichtungen profitiert, die für die Allgemeinheit gedacht sind: Straßen, Schulen, Krankenhäuser, Kirchen u. a.
  Beiträge zur Kranken-, Renten-, Arbeitslosen- und Pflegeversicherung kommen Frau Orth bei Krankheit, im Alter, bei Arbeitslosigkeit und bei Betreuungs- und Pflegebedarf zugute.
- Siehe Lehrbuch Seite 249
- individuelle Lösung.

Lehrbuch Seite 255 ff.

1	Bruttogehalt		2800,00
	Lohnsteuer	213,16	
	SolZ	10,23	
	Kirchensteuer	19,18	
	Verb. geg. dem Finanzamt		242,57
	Krankenversicherung	201,60	
	Rentenversicherung	273,00	
	Arbeitslosenversicherung	91,00	
	Pflegeversicherung	23,80	
	SV-Arbeitnehmeranteil		589,40
	Gesamtabzüge		831,97
a)	Nettogehalt		1968,03
	Vorschuss		250,00
b)	Auszahlung		1718,03
	Arbeitgeberanteil zur SV		589,40
c)	Abzuführender Betrag an das Finanzamt:		242,57 EUR
d)	Abzuführender Betrag an die Krankenkasse:		1178,80 EUR
2	Bruttogehalt		2488,00
	Lohnsteuer	133,83	
	SolZ	0,00	
	Kirchensteuer	0,00	
a)	Verb. geg. dem Finanzamt		133,83
	Krankenversicherung	164,34	
	Rentenversicherung	242,78	
	Arbeitslosenversicherung	80,93	
	Pflegeversicherung	21,17	
b)	SV		509,22
	Gesamtabzüge		643,05
c)	Nettogehalt		1844,95
	Arbeitgeberanteil zur SV		509,22

3 a) Für das Finanzamt einbehaltene Beträge: 38815,30 + 1920,25 + 3174,50 = 43910,05 EUR
b) an die Krankenkasse zu zahlende Beträge:
(17149,75 + 2082,40 + 7962,40 + 24866,90) · 2 = 104122,90 EUR
c) Gesamtpersonalaufwand: 244971 + 52061,45 = 297032,45 EUR
d) Anteil der Gesamtabzüge an den Bruttogehälter: $\frac{(42910{,}05 + 52061{,}45) \cdot 100}{244971} = 38{,}77\,\%$

4 a)

	1. Josef Klein	2. Karin Reuth	3. Christa Bahr	4. Gerd Last
Steuerklasse	III,2	II,1	I	I
Bruttogehalt	2635,00	2460,00	2463,00	2460,00
Lohnsteuer	131,83	361,23	394,75	393,91
SolZ	0,00	12,32	21,71	21,66
KiSt	0,00	20,16	35,52	35,45
an das Finanzamt	131,83	393,71	451,98	451,02
KV	179,18	167,28	172,41	162,36
RV	256,91	239,85	240,14	239,85
ALV	85,64	79,95	80,05	79,95
PV	22,40	20,91	20,94	20,91
SV	544,13	507,99	513,54	503,07
Gesamtabzüge	675,96	901,70	965,52	954,09
Nettogehalt	1959,04	1558,30	1497,48	1505,91

b) Summe Nettogehälter: 6520,71 EUR
Arbeitgeberanteil zur Sozialversicherung: 2068,73 EUR
Abzuführende Beträge:
an das Finanzamt: 1428,56 EUR
an die Krankenkasse: 4137,46 EUR

5 A Die Personalkosten des Betriebes werden
(1) erhöht: c)
(2) vermindert: b)
(3) nicht verändert: a)
B Das Nettogehalt an die Mitarbeiter wird
(4) erhöht: d)
(5) vermindert: e)
(6) nicht verändert: f)

6 a) Gesamtabzüge: 11960 + 975 + 18200 = 31135,00 EUR
b) Nettogehälter: 142000 − 31135 = 110865,00 EUR
c) Arbeitgeberanteil zur Sozialversicherung: 18200,00 EUR

7 a) Nettogehalt: 2840 − (528,25 + 29,05 + 47,54 + 592,14) = 1643,02 EUR
b) Auszahlungsbetrag: 1643,02 − 100 − 25 = 1518,02 EUR
c) An die Krankenkasse abzuführender Betrag: 2 · 592,14 = 1184,28 EUR

8 a) Nettogehälter: 34200 − 5920 − 5814 = 22466,00 EUR
b) Auszahlungsbetrag: 22466 − 1200 − 1392 = 19874,00 EUR
c) An die Krankenkasse abzuführender Betrag: 2 · 5814 = 11628,00 EUR

9

Bruttogehalt		2700,00
Lohnsteuer	466,66	
SolZ	25,67	
KiSt	42,00	534,33
KV	189,00	
RV	263,25	
ALV	87,75	
PV	22,95	562,95
Nettogehalt		1602,72
Verrechneter Vorschuss		150,00
Auszahlung		1452,72
AG-Anteil zur SV		562,95

a) Überweisungsbetrag an die Krankenkasse: 2 · 562,95 = 1 125,90 EUR
Überweisungsbetrag an das Finanzamt: 534,33 EUR
b) AG-Anteil zur SV: 562,95 EUR

10

	Bruttogehalt		2 120,00
	Lohnsteuer	264,66	
	Kirchensteuer	12,27	
	Solidaritätszuschlag	7,50	284,43
	Krankenversicherung	152,64	
	Rentenversicherung	206,70	
	Arbeitslosenversicherung	68,90	
	Pflegeversicherung	18,02	446,26
a)	Nettogehalt		1 389,31
	Vorschuss		20,00
b)	Ausgezahlter Betrag		1 369,31
c)	AG-Anteil zur SV		446,26

11

	Bruttogehalt		2 475,00
a)	Lohnsteuer	398,33	
	SolZ	19,91	
	KiSt	32,58	450,82
b)	Krankenversicherung	158,72	
	Rentenversicherung	241,80	
	Arbeistlosenversicherung	80,60	
	Pflegeversicherung	21,08	
	SV		502,20
	Gesamtabzüge		953,02
	Nettogehalt		1 521,98
	AN-VwL		40,00
c)	Auszahlungsbetrag		1 481,98

12

a)	Lohnsteuer	750,50	
	SolZ	41,27	
	KiSt	67,54	859,31
b)	Krankenversicherung	178,56	
	Rentenversicherung	241,80	
	Arbeitslosenversicherung	80,60	
	Pflegeversicherung	21,08	
	SV		522,04
c)	Nettogehalt		1 098,65
	Gehaltsvorschuss		200,00
	Personalkäufe		98,00
d)	Auszahlungsbetrag		800,65
e)	Arbeitgeberanteil zur SV		522,04

13 A (1) h, j, o, q, r, u
(2) b, f, l, m, n, p, s
(3)
(4) a, c, d, e, g, k, t
B m, n, p, t

14

	Bruttogehalt		2 250,00
a)	Lohnsteuer	332,78	
	SolZ	18,30	
	KiSt	29,95	381,03
	Krankenversicherung	135,00	
	Rentenversicherung	219,38	
	Arbeitslosenversicherung	73,13	
	Pflegeversicherung	19,13	
	SV		446,63
b)	Nettogehalt/Auszahlungsbetrag		1 422,35
c)	AG-Anteil zur SV		446,63

15 Aufgrund des abgeschlossenen Arbeitsvertrages hat jeder Arbeitnehmer die Pflicht zur Verschwiegenheit. Dieses gilt insbesondere für personenbezogene Daten von Mitarbeitern.
Frau Bleser durfte diese Daten nicht an ihre Kolleginnen weitergeben.

16

	Ina Beier	Gerd Hohn	Klaus Korn	Ingo Maier	Clara Weber
Steuerklasse	I	II,1	V,0	III,3	IV,2
Bruttogehalt	3203,80	3203,80	4200,00	2200,00	2300,00
Lohnsteuer	754,17	665,43	1730,82	167,20	436,31
SolZ	41,48	36,60	95,20	9,20	24,00
Kirchensteuer	67,88	59,89	155,77	15,05	39,27
Verb. geg. dem FA	863,53	761,92	1981,79	191,44	499,57
Krankenversicherung	192,23	192,23	252,00	132,00	138,00
Rentenversicherung	312,37	312,37	409,50	214,50	224,25
Arbeitslosenversicherung	104,12	104,12	136,50	71,50	74,75
Pflegeversicherung	27,23	27,23	35,70	18,70	19,55
Verb. geg. der SV	635,95	635,95	833,70	436,70	456,55
Gesamtabzüge	1499,48	1397,87	2815,49	628,14	956,12
Nettogehalt	1704,32	1805,93	1384,51	1571,86	1343,88
Auszahlungsbetrag	1704,32	1805,93	1384,51	1571,86	1343,88
AG-Anteil zur SV	635,95	635,95	833,70	436,70	456,55

	A	B	C	D	E	F	G
1	17	a) Formeln					
2		Name	Weber	Bernd	Joost		Arbeitgeber-
3		Vorname	Ingrid	Ernsst	Franz		anteil
4		Steuerklasse	II,1	III,2	I	Summe	zur SV
5		Bruttogehalt	2400	2800	2500	=SUMME(C5:E5)	
6		Lohnsteuer	=C5*16%	=D5*7,8%	=E5*16,7%	=SUMME(C6:E6)	
7		SolZ	=C6*4,5%	=D6*0%	=E6*5,5%	=SUMME(C7:E7)	
8		Kirchensteuer	=C6*7,3%	=D6*0,5%	=E6*9%	=SUMME(C8:E8)	
9		KV (AN-Anteil)	=C5*7%	=D5*6,5%	=E5*6,8%	=SUMME(C9:E9)	=F9
10		RV (AN-Anteil)	=C5*9,75%	=D5*9,75%	=E5*9,75%	=SUMME(C10:E10)	=F10
11		ALV (AN-Anteil)	=C5*3,25%	=D5*3,25%	=E5*3,25%	=SUMME(C11:E11)	=F11
12		PV (AN-Anteil)	=C5*0,85%	=D5*0,85%	=E5*0,85%	=SUMME(C12:E12)	=F12
13		Nettogehalt	=C5-SUMME(C6:C12)	=D5-SUMME(D6:D12)	=E5-SUMME(E6:E12)	=F5-SUMME(F6:F12)	
14		Auszahlung	=C13	=D13	=E13	=SUMME(C14:E14)	
15							
16	b)					=SUMME(G9:G12)	
17						=SUMME(F6:F8)	
18						=SUMME(G9:G12)+SUMME(F9:F12)	

a) Ausrechnung					
Name	Weber	Bernd	Joost		Arbeitgeber-
Vorname	Ingrid	Ernsst	Franz		anteil
Steuerklasse	II,1	III,2	I	Summe	zur SV
Bruttogehalt	2 400,00	2 800,00	2 500,00	7 700,00	
Lohnsteuer	384,00	218,40	417,50	1 019,90	
SolZ	17,28	0,00	22,96	40,24	
Kirchensteuer	28,03	1,09	37,58	66,70	
KV (AN-Anteil)	168,00	182,00	170,00	520,00	520,00
RV (AN-Anteil)	234,00	273,00	243,75	750,75	750,75
ALV (AN-Anteil)	78,00	91,00	81,25	250,25	250,25
PV (AN-Anteil)	20,40	23,80	21,25	65,45	65,45
Nettogehalt	1 470,29	2 010,71	1 505,71	4 986,71	
Auszahlung	1 470,29	2 010,71	1 505,71	4 986,71	
b) Arbeitgeberanteil zur Sozialversicherung					1 586,45
An das Finanzamt abzuführender Betrag					1 126,84
An die Krankenkasse abzuführender Betrag					3 172,90

18 **Datensicherung:** Maßnahmen gegen Übertragungsfehler, Vernichtung, Verfälschung und Diebstahl **von Daten und Programmen jeder Art** zum Schutz des Betriebes vor wirtschaftlichen Folgen aus Verlust von Daten.
Datenschutz: Maßnahmen zum Schutz von **personenbezogener** Daten vor missbräuchlicher Verwendung zum Schutz des Bürgers in seiner Privatsphäre und zur Erhaltung seiner informationellen Selbstbestimmung.

Gemeinsamkeiten
Für **alle Daten** wird angestrebt:
- Schutz vor unberechtigtem Zugriff, um die Vertaulichkeit der Daten zu gewährleisten
- Schutz vor Verlust
- Schutz vor Verfälschung

19 Individuelle Lösungen
Mögliche Aufgaben:
- Unterhaltung einer Übersicht über die Arten der gespeicherten personenbezpgener Daten
- Überwachung der ordnungsgemäßen Anwendung entsprechender Entgeltprogramme
- Information der Mitarbeiter über die Inhalte des Bundesdatenschutzgesetzes

20 a) Schaffung von technischen (Sperren) und organisatorischen Voraussetzungen
b) Passwort, Überwachung und Kontrolle der Mitarbeiter, Datenschutzbeauftragter
c) Passwörter, Datenschutzbeauftragter, Computernetzwerke

7 Beendigung des Arbeitsverhältnisses

Lehrbuch Seite 280

Handlungssituation

- Gruppenleiterin Ost sollte zunächst prüfen, ob mit Herrn Schneiders und Frau Lapp eine vertragliche Kündigungsfrist vereinbart wurde. Ist dies nicht der Fall, gilt die gesetzliche Kündigungsfrist. Da Herr Schneiders und Frau Lapp nicht in die Gruppe der langjährig beschäftigten Arbeitnehmer fallen, kann die Geschäftsführung ihnen die Kündigung bis spätestens 31. März mit Wirkung zum 30. April aussprechen.
- Herr Schneiders muss binnen einer Woche beim Betriebsrat Einspruch und binnen drei Wochen beim Arbeitsgericht Klage erheben.

Lehrbuch Seite 263 f.

1 a) in jedem Fall
b) auf Wunsch
c) auf keinen Fall
d) in jedem Fall
e) auf Wunsch

2 a) vier Wochen zum Monatsende
b) fünf Monate zum Monatsende

3 Bei einer fristlosen Kündigung ist die Fortsetzung des Dienstverhältnisses bis zum Ablauf der ordentlichen Kündigungsfrist nicht mehr zumutbar. Aus diesem Grund sollte die Kündigung kurzfristig erfolgen.

4 Der Kündigungsgrund muss in der Person des Arbeitnehmers, im Verhalten des Arbeitnehmers oder in dringenden betrieblichen Erfordernissen liegen.
Eine Kündigung ist z. B. sozial ungerechtfertigt, wenn
- der Arbeitnehmer an einem anderen Arbeitsplatz im selben Betrieb weiterbeschäftigt werden kann,
- eine Weiterbeschäftigung nach Umschulung und Fortbildung möglich ist,
- eine Weiterbeschäftigung unter geänderten Vertragsbedingungen möglich ist.

5 Individuelle Lösung.

6 2)

8 Personalcontrolling

Lehrbuch Seite 264

Handlungssituation

- Individuelle Lösungen, die auf die Vorteile eines Personalcontrollers eingehen sollten:
  - regelmäßige Ermittlung des Personalbestandes, seiner Entwicklung und der Ursachen seiner Veränderung
  - Bereitstellung des notwendigen qualitativen und quantitativen Personalbestandes
  - Ermittlung von Ursachen für Fluktuationen, Mitarbeiterunzufriedenheit
  - Entwicklung von Maßnahmen zur Personalpflege und -weiterentwicklung
  - Ermittlung von Vergleichszahlen zur Leistungsbeurteilung
  - Festlegung von Merkmalen zur Bestimmung der Personalqualität und -quantität
  - regelmäßige Personalbeurteilung und -bewertung zwecks Einsatzbestimmung, Förderung, Positionierung
  - u. a.
- Individuelle Lösungen, die auf die abweichenden Altersstrukturen von Zielgruppe und Verkäuferinnen/Verkäufern eingehen sollten.
  Altersmäßige Zielgruppengruppennähe kann eventuell durch Erfahrung, Fachkenntnis und laufende Weiterbildung wettgemacht werden.
  Die stark gestiegene Fluktuationsquote deutet auf Arbeitsunzufriedenheit und Überforderung hin.
- - Qualifikationsquote
  - Personaldeckungsquote
  - Teilzeitquote

- Fehlzeitquote
- Krankenstand
- ■ – betriebsinterne Umbesetzung unter Berücksichtigung der Altersstruktur und der Fachkenntnisse
  - Schulungsmaßnahmen
  - Verbesserung der Verkäuferausbildung
  - Teilzeitbeschäftigung
  - u. a.
- ■ Unterschiede zu anderen Abteilungen oder anderen Betrieben bzw. zur Branche deuten Stärken und Schwächen an und dienen der gezielten Planung und Steuerung von Maßnahmen.

Lehrbuch Seite 270 ff.

1 a) **Betrieb I:**
- ■ Gleichmäßige Verteilung aller Altersstufen
- ■ Regelmäßige Neueinstellungen und damit verbundene Innovationen
- ■ Mitarbeiter scheiden sukzessiv aus dem Arbeitsleben aus

Betrieb II:
- ■ Überaltete Belegschaft
- ■ Hoher Krankenstand älterer Mitarbeiter muss enventuell durch Überstunden jüngerer Mitarbeiter ausgeglichen werden.
- ■ Häufig problematisch bei Innovationen
- ■ Verhältnismäßig geringe Einstellungsquote in den letzten Jahren

Betrieb III:
- ■ Einem hohen Altenanteil im oberen Bereich steht eine entsprechende Einstellungsquote gegenüber.
- ■ Zwischenzeitlich führten Einstellungsstopps zu einer Schrumpfung der Belegschaft.
- ■ Offenbar wurde eine längere Krise überwunden.

Betrieb IV:
- ■ Große Zahl an Neueinstellungen in den letzten Jahren
- ■ Hinweis auf Wachstum der Unternehmung

b)
- ■ Mit einer gleichmäßigen Altersverteilung können nachteilige Vorruhestandsregelungen oder Einstellungsstopps weitgehend umgangen werden (Betrieb a).
- ■ Überaltete Belegschaften (Betrieb 2 und 3) können Vorruhestandsregelungen notwendig machen: Hoher Krankenstand älterer Mitarbeiter muss eventuell durch Überstunden jüngerer Mitarbeiter ausgeglichen werden. Häufig Hemmschuh bei Innovationen.
- ■ Eine Ausdehnung jüngerer Altersschichten kann mit einem guten Ausbildungsstand, mit Innovationen verbunden sein.

c) Die Belegschaftsentwicklung ist vielfach ein Abbild der wirtschaftlichen Entwicklung einer Unternehmung. In Krisen wird Personal abgebaut, werden Einstellungsstopps vorgenommen. In Zeiten des Wachstums erfolgen Neueinstellungen, wird verstärkt ausgebildet.
Maßnahmen zur Strukturverbesserung der Belegschaft müssen daher in Verbindung mit betrieblichen Veränderungen durchgeführt werden: Änderungen des Vertriebsystems, des Sortiments, Erweiterung oder Aufgabe von Märkten

2 a)
- ■ Überalterte Struktur
- ■ Häufig Grund für hohen Krankenstand und hohe Fehlquote
- ■ Junge Mitarbeiter müssen in Überstunden Folgen ausgleichen
- ■ Wirkt sich langfristig auf das Betriebsklima aus
- ■ Häufig große Widerstände gegen Innovationen

b)
- ■ Das Peronalentwicklungskonzept, das auf Verjüngerung der Belegschaft ausgerichtet ist, muss grundsätzlich langfristig angelegt werden. Kurzfristig können jedoch durch Weiterbildungsmaßnahmen (Logistik, Warenwirtschaftssystem), durch Umbesetzungen, Vorruhestandsregelungen, Veränderungen der Arbeitszeitregelung, Verbesserungen herbeigeführt werden.
- ■ Langfristig sollten in allen Abteilungen jüngere Mitarbeiter eingestellt und in der Leitungsfunktion eingebunden werden (Innovationsschub). Die betriebliche Ausbildung muss verstärkt und neu strukturiert werden.

3
- ■ Arbeitszeitregelung (gleitende Arbeitszeit)
- ■ Teilzeitverträge
- ■ Leistungsgerechter Einsatz
- ■ Zukunftsperspektiven
- ■ Einbindung des Privatlebens in die Arbeitszeitplanung
- ■ Sicherung des Arbeitsplatzes
- ■ Hilfe bei der Kinderbetreuung (Aufbau eines Kinderhortes, Hausaufgabenhilfe u. a.)

4 a) Führungsstil, Betriebsklima, Arbeitsentgelt, fehlende Aufstiegschancen, betriebliche Umstellungen

b) Änderung der Organisatonsstruktur, Veranwortungsdelegation, Teamarbeit, Maßnahmen zur Betriebsklimaverbesserung, Weiterbildung, Umbesetzungen, Änderung der Arbeitszeitregelung, Erfolgsbeteiligung u. a.)

5 Damit wird ausgesagt, dass die Personalkosten des Betriebes 8 % über dem Branchendurchschnitt liegen. Der Vorschlagskatalog muss also auf die Senkung dieser Kostenart gerichtet sein. Grundsätzlich ist damit ein Abbau des Personalbestandes verbunden.

Einkauf:

- Bündelung von Bestellungen (bezogen auf Bestellhäufigkeit und Lieferer)
- Einsparen von Personal durch Einführung eines WWS und logistische Abwicklung der Einkäufe
- Herausfinden von Maßnahmenschwerpunkten mithilfe von ABC-Analysen
- Rahmenverträge

Verkauf:

- Kundenselektion
- Auftragsbearbeitung im WWS
- Verbesserung der Ablauforganisation
- Sortimentsbereinigung
- Konzentration auf Kunden mit hohen Umsätzen

Lager:

- Computergestütztes Lagersystem
- Vereinfachung des Warennachschubs von Reservelager in die Verkaufsräume mithilfe von Lagersteuerungs- und -transporteinrichtungen
- Übernahme der Warenpflege und -verwaltung durch Kooperation mit Rack-Jobbern (Outsourcing)
- Abbau der Lagerbestände
- Just-in-Time-Belieferung, zumindest Lieferer mit kurzen Lieferzeiten

Verwaltung:

- Integration der Buchhaltung (Debitoren, Kreditoren, Hauptbuchhaltung) ins WWS
- Überwachung und Pflege der Bestände durch Lieferer (Outsourcing); damit entfällt ebenfalls die Inventur der Warenbestände teilweise.

6 a)
- Fehlquote: $\frac{19400 \cdot 100}{162 \cdot 8 \cdot 200} = 7{,}5\,\%$
- Fluktuationsquote: $\frac{12 \cdot 100}{200} = 6\,\%$

b)
- Vergleich mit den Ergebnissen des Vorjahres
- Erforschung der Ursachen
- Entwicklung und Durchsetzung von Maßnahmen (vgl. Aufgabe 4)

7 a)

Abrechungsjahr	Vorjahr
$\frac{120960}{84} = 1440$ Std. je Mitarbeiter	$\frac{128800}{80} = 1610$ Std. je Mitarbeiter
$\frac{85881600}{84} = 1022400$ EUR je Mitarbeiter	$\frac{83720000}{80} = 1046500$ EUR je Mitarbeiter
$\frac{85881600}{120960} = 710$ EUR/Std.	$\frac{83720000}{128800} = 650$ EUR/Std.

b) Der Umsatz je Arbeitsstunde (Arbeitsproduktivität) hat sich verbessert von 650,00 auf 710,00 EUR.

8 a) Die Mitarbeiterin Schnitzler hat am wirksamsten gearbeitet, da sie die meisten Kunden, den höchsten Umsatz und relativ wenig Fehlbuchungen an ihrer Kasse hatte.

b)

Mitarbeiter Klein	Zu viele Fehlzeiten, zu geringe Umsätze, zu viele Arbeitsunterbrechungen, zu viele Fehlbuchungen, zu langsam gearbeitet: Hinweis darauf, dass andere Mitarbeiter wesentlich mehr leisten.
Mitarbeiterin Schnitzler	Bis auf die Fehlzeiten, auf die die Mitarbeiterin hingewiesen werden sollte, gibt die Mitarbeiterin keinen Anlass zur Kritik, die Mitarbeiterin sollte daher gelobt werden.
Mitarbeiter Huhn	Mittelmäßiger Mitarbeiter, der zwar keine Fehlzeiten aufweist, dafür im Vergleich zu anderen Mitarbeitern zu langsam arbeitet.

c) Individuelle Lösung.

9 a) $\frac{258000 \cdot 100}{1200000} = 21{,}5\,\%$

b) 20,5 %

c) $\frac{1200000 \cdot 20{,}5}{100} = 246000{,}00$ EUR

oder

$\frac{258000 \cdot 20{,}5}{21{,}5} = 246000{,}00$ EUR

10 a)

	Vorjahr		Abrechnungsjahr	
	EUR	%	EUR	%
Personalaufwand	680 000,00	14,0	600 000,00	12,0
Wareneinsatz	3 200 000,00	66,0	3 420 000,00	68,6
Abschreibungen	330 000,00	6,8	320 000,00	6,4
Sonstige Aufwendungen	640 000,00	13,2	650 000,00	13,0
Gesamtaufwand	4 850 000,00	100,0	4 990 000,00	100,0
Umsatz	6 840 000,00		6 464 000,00	
Rohgewinn	3 640 000,00		3 044 000,00	
Reingewinn	1 990 000,00		1 474 000,00	
Wirtschaftlichkeit	1,41		1,30	
Umsatz/Beschäftigten	85 500,00		86 186,67	

b) Die Wirtschaftlichkeit hat stark abgenommen (von 1,41 auf 1,30) trotz Steigerung des Umsatzes je Beschäftigten.
Der gestiegende Wareneinsatz und der relativ starke Umsatzrückgang sind die Hauptursachen.

Wiederholung zum 13. Lernfeld: Personaleinsatz planen und Mitarbeiter führen

Übungsaufgaben

Lehrbuch Seite 273 f.

1 a) intern
- innerbetriebliche Stellenausschreibung
- Versetzung
- Mehrarbeit
- Fort- und Weiterbildung

extern
- Arbeitsverwaltung
- Stellenanzeigen
- Personalleasing
- sonstige Beschaffungswege

b) 1. Individuelle Lösung.
Anforderungsarten nach REFA:
- Kenntnisse (Sie beruhen auf Ausbildung, Erfahrung, Denkfähigkeit)
- Geschicklichkeit (Sie beruht auf Anlage, Übung, Erfahrung)
- Verantwortung (Gewissenhaftigkeit, Zuverlässigkeit)
- geistige Belastung
- muskelmäßige Belastung
- Umgebungseinflüsse

2. Individuelle Lösung.
Strukturierung anhand der Kompetenzbegriffe (Fach-, Methoden-, Sozial- und Humankompetenz)
3. Individuelle Lösung.

Stellenbeschreibung	
Stellenbezeichnung	Substitutin Abteilung Lebensmittel
Stelleneinordnung	
■ Unterstellung	
■ Überstellung	
Stellenaufgabe	
Stellenziele	
Stellenbefugnisse	
Stellenverantwortung	
Stellenvertretung	
■ vertritt	
■ wird vertreten	
Stellenanforderungen	
■ Ausbildung	
■ Erfahrungen	
■ Kenntnisse	

c) 1. Die inhaltliche Gestaltung der Stellenanzeige kann sich an folgendem Schema orientieren:
Wir sind: das Unternehmen
Wir haben: die freie Stelle
Wir suchen: die Anforderungsmerkmale

Wir bieten: die Leistungen
Wir bitten: die Bewerbungsunterlagen

2. Individuelle Lösung.
3. ■ **Werbeträger:** Regionale Tageszeitung, überregionale Tageszeitung, Fachzeitschrift.
   ■ **Anzeigentermin:** Kündigungsfristen und angemessene Überlegungszeit berücksichtigen. Stellenanzeigen werden i. d. R. in den Wochenendausgaben veröffentlicht.

d) ■ Aus welchem Grund erfolgt die Bewerbung?
■ Welche Qualifikationen sind vorhanden?
■ Welche besonderen Kenntnisse und Erfahrungen hat der Bewerber?
■ Befindet sich der Bewerber in einem Arbeitsverhältnis?
■ Wann steht der Bewerber frühestens zur Verfügung?

e) ■ Lichtbild
■ Lebenslauf
■ Schulzeugnisse
■ Arbeitszeugnisse
■ Zeugnisse der Abschlussprüfungen

f) Individuelle Lösung.

2 a) Im Unternehmen müssen mindestens fünf ständige wahlberechtigte Arbeitnehmer beschäftigt sein, von denen drei wählbar sind. (§ 1 BetrVerfG)

b) 1. Bei 151–300 Arbeitnehmern besteht der Betriebsrat aus 7 Mitgliedern. (§ 9 BetrVerfG)
2. **§ 15 BetrVerfG:** *(1) Der Betriebsrat soll sich möglichst aus Arbeitnehmern der einzelnen Betriebsabteilungen und der unselbstständigen Nebenbetriebe zusammensetzen. Dabei sollen möglichst auch Vertreter der verschiedenen Beschäftigungsarten und der im Betrieb tätigen Arbeitnehmer berücksichtigt werden.*
(2) Die Geschlechter sollen entsprechend ihrem zahlenmäßigen Verhältnis vertreten sein.
3. Nein, der Wahlvorschlag muss von 10 % der wahlberechtigten Gruppenangehörigen unterzeichnet sein. (§ 14 BetrVerfG)

c) Ja, gem. § 87 Abs. 1 Nr. 2 BetrVerfG hat der Betriebsrat ein Mitbestimmungsrecht bei der Festlegung von Beginn und Ende der täglichen Arbeitszeit.

d) In Betrieben mit mindestens fünf Arbeitnehmern bis zu 18 Jahren oder Auszubildenden bis zu 25 Jahren kann eine JAV gewählt werden. Die JAV nimmt die besonderen Belange der jugendlichen Arbeitnehmer im Betrieb wahr. Sie kann zu allen Betriebsratssitzungen einen Vertreter entsenden.

3 a) 30. September
b) 16. Mai

4

Name	**Alt**	**Eder**	**Floss**	**Goren**	
Vorname	Paul	Jessika	Stefan	Petra	
Religion	rk	ev	ev	rk	
Steuerklasse	I	II, 1	III, 2	IV, 2	Summe
Bruttoverdienst	2460,00	2480,00	2490,00	2465,00	9895,00
Abzüge Finanzamt	451,02	399,67	134,50	441,58	1426,77
Lohnsteuer	393,91	366,50	134,50	394,75	1289,66
SolZ	21,66	12,58	0,00	17,76	52,00
Kirchensteuer	35,45	20,59	0,00	29,07	85,11
Abzüge SV	528,90	527,00	529,14	524,89	2109,93
KV 7,4 % (AN-Anteil)	182,04	183,52	184,26	182,78	732,60
PV (AN-Anteil)	27,06	21,08	21,17	21,00	90,31
ALV (AN-Anteil)	79,95	80,60	80,93	80,28	321,76
RV (AN-Anteil)	239,85	241,80	242,78	240,83	965,26
Nettogehalt	1480,08	1553,33	1826,26	1498,53	6358,30
Auszahlung	1480,08	1553,33	1826,26	1498,53	6358,30

5 a) Nettogehälter 67741,00 EUR
b) Arbeitgeberanteil 8870,00 EUR
c) Abzuführende Beiträge
- an das Finanzamt 7589,30 EUR
- an die Krankenkasse 17740,00 EUR
- an die Berufsgenossenschaft 842,00 EUR

d) Gesamte Personalaufwendungen 93912,00 EUR

Gebundene Aufgaben zur Prüfungsvorbereitung

Lehrbuch Seite 275 f.

1 f) e) g) b) a) d) c)
2 3.
3 3. 4. 5.
4 a) 1. b) 2. c) 2. d) 1. e) 3. f) 3.
5 a) 5. b) 4. c) 1. d) 5. e) 3. + 5.
6 1. 4. 5.
7 a) 1. b) 3. c) 2. d) 1. e) 1.
8 3. **9** 9 Tage **10** 4. **11** 1. 6. **12** 3. **13** 3. **14** 4. **15** 2. **16** 3.

Lernsituation zu Lernfeld 13: Personaleinsatz planen und Mitarbeiter führen

Lernsituation:	Peter Pade will kündigen und Thomas Becker schreibt ein Zeugnis		
Lehrbuchkapitel:	7. Beendigung des Arbeitsverhältnisses		
Lernvoraussetzungen:	Kapitel 5.4. Der Arbeitsvertrag		
Erforderliches Material:	Arbeitsblatt „Grundsätze der Personalbeurteilung und für Beurteilungsgespräche"		
Schul-/Ausbildungsjahr	3	Zeitrichtwert:	U-Std. 3

Handlungssituation
Peter Pade, Substitut der Lebensmittelabteilung der Center Warenhaus GmbH, sitzt mit der Sekretärin der Geschäftsleitung, Claudia Lehmann, in der Kantine beim Mittagessen. Claudia berichtet ihrem Freund Peter über eine Sitzung der Geschäftsleitung, bei der sie das Protokoll geführt hat. In der Sitzung ging es um das im dritten Jahr in Folge sinkende Betriebsergebnis der Center Warenhaus GmbH und die Suche nach den Ursachen. „Herr Becker hat mehrfach die rückläufige Umsatzsituation der Lebensmittelabteilung für das schlechte Betriebsergebnis verantwortlich gemacht und Ursache sind seiner Meinung nach das unattraktive Sortiment und die fehlenden Sonderverkaufsaktionen und Events", berichtet Claudia empört. „Der Becker kann mich einfach nicht leiden, da komme ich ihm als Sündenbock gerade recht. Dem werde ich es zeigen! Gestern habe ich mit Oliver Schlegel, dem Filialleiter der Lebensmittel Discount Schlegel KG ein Bier getrunken. Die suchen einen stellvertretenden Filialleiter, dem sie sogar Prokura erteilen wollen! Das wäre genau der richtige Job für mich. Und dann wird der Becker sehen, was er davon hat, wenn einer seiner besten Mitarbeiter die Seiten wechselt!"

Arbeitsauftrag

1 Diskutieren Sie das Verhalten von Claudia Lehmann und die Reaktion von Peter Pade.

Handlungsssituation
Ein erstes Gespräch zwischen Peter Pade und Oliver Schlegel verläuft viel versprechend. Oliver Schlegel zeigt großes Interesse an Peter Pade. Das Verhalten von Thomas Becker empört auch Herrn Schlegel. Im Gespräch berichtet Peter Pade bereitwillig über eine Vielzahl weiterer Entscheidungen, die er für Fehlentscheidungen seines Geschäftsführers hält. So z.B. die Auswahl bestimmter Lieferanten, die neuen Kalkulationsgrundsätze und eine geplante Sonderverkaufsaktion.

Arbeitsaufträge

2 Diskutieren Sie das Verhalten von Peter Pade und gehen Sie dabei insbesondere auf die Pflichten des Arbeitnehmers ein.

3 Erläutern Sie mögliche Konsequenzen des Verhaltens von Peter Pade. Beachten Sie dabei, dass Peter Pade Vorsitzender des Betriebsrates der Center Warenhaus GmbH ist.

Handlungssituation
Peter Pade wägt die Vor- und Nachteile eines Stellenwechsels gegeneinander ab. Er beschließt, vor einer Kündigung bei der Geschäftsleitung der Center Warenhaus GmbH noch einen Versuch zu machen, sein Gehalt deutlich aufzubessern. Sollte Herr Becker dies ablehnen, will er zur Schlegel KG wechseln. Herr Becker nimmt die Gehaltsforderung von Peter Pade entgegen, legt sich aber nicht fest. Eine Woche nach diesem Gespräch trifft Thomas Becker Peter Pade und Claudia Lehmann in der Kantine. „Es geht um Ihre Gehaltserhöhung, Herr Pade", sagt Thomas Becker, „ich habe Sie in der letzten Woche eingehend beobachtet, Ihre Kolleginnen und Kollegen in der Lebensmittelabteilung befragt und mir Ihre Personalakte angesehen. Das

Ergebnis ist eindeutig: Der Krankenstand liegt 10 % über dem Durchschnitt, am Mittwoch sind Sie 15 Minuten zu spät gekommen und in der Abteilung sagt man, Sie hätten kein Durchsetzungsvermögen!" Peter Pade ist empört: „So können Sie mit mir nicht umgehen, Herr Becker, ich verlange zu den Punkten gehört zu werden, und ich möchte das Gespräch im Beisein eines Mitgliedes des Betriebsrates führen!" „Für mich ist der Fall erledigt. Mahlzeit, Herr Pade, und entschuldigen Sie die Störung, Frau Lehmann!" erwidert Thomas Becker und verlässt die Kantine.

Arbeitsaufträge

4 Erstellen sie eine Liste der Fehler, die Thomas Becker bei dem Beurteilungsgespräch gemacht hat.

5 Entwickeln Sie Vorschläge, wie das Beurteilungsgespräch zwischen dem Geschäftsführer und Peter Pade ablaufen sollte. Beachten Sie hierzu die Grundsätze der Personalbeurteilung und die Grundsätze für Beurteilungsgespräche in Anlage 1.

Handlungssituation

Nach dem letzten Auftritt von Thomas Becker hat Peter Pade die Nase voll. Auch wenn er bereits seit fünf Jahren bei der Center Warenhaus GmbH beschäftigt ist, kündigt er am 17. 03. und verlangt ein qualifiziertes Arbeitszeugnis.

Arbeitsaufträge

6 Stellen Sie fest, zu welchem Zeitpunkt Peter Pade der Schlegel KG frühestmöglich zur Verfügung steht.

7 Erstellen Sie eine Liste der Papiere, die die Personalabteilung für Peter Pade zur Verfügung halten sollte.

8 Entwickeln Sie eine Checkliste zu den Stichworten „Arten der Kündigung", „relevante Regelungen des Kündigungsschutzgesetzes" und „Rolle des Betriebsrates im Rahmen der Kündigung".

Handlungssituation

Thomas Becker ist über die Kündigung von Peter Pade empört. Er verfasst das nachfolgende Zeugnis:

Zeugnis

Peter Pade, geb. 19. 03. 1970, war vom 01. 01. 2000 bis zum 31. 05. 2005 in unserem Unternehmen als Substitut der Lebensmittelabteilung tätig.

Peter Pade wurden folgende Aufgaben übertragen:

- **Fachliche und disziplinarische Leitung der Abteilung**
- **Selbstständige Erstellung der Personaleinsatzplanung**
- **Auswertung und Aufbereitung der Zahlen des Warenwirtschaftssystems für den Bereich Lebensmittel**
- **Auswahl der Lieferanten für die Warengruppe Lebensmittel in Abstimmung mit der Einkaufsabteilung**
- **Kalkulation der Verkaufspreise**
- **Planung, Durchführung und Kontrolle von Sonderverkaufsaktionen**

Peter Pade war in der Lage, sein Wissen zur Erfüllung der ihm übertragenen Aufgaben einzusetzen und im Rahmen seiner zeitlichen Möglichkeiten zu unserer Zufriedenheit zu erfüllen.

Im Kollegenkreis galt Peter Pade als sehr umgänglich. Durch sein verständnisvolles und geselliges Wesen konnte er die ihm unterstellten Mitarbeiter motivieren, so dass die Abteilung zu zufrieden stellenden Ergebnissen kam.

Peter Pade verlässt unser Unternehmen auf eigenen Wunsch. Wir wünschen ihm für die Zukunft alles Gute.

Köln, ...

Arbeitsaufträge

9 Markieren Sie im vorliegenden Zeugnis alle Aussagen, die Wertungen der Leistung oder des Verhaltens von Peter Pade zum Inhalt haben. Versuchen Sie zu klären, was verschlüsselte Wertungen bedeuten.

10 Formulieren Sie zu den wertenden Aussagen Alternativen.

11 Klären Sie, ob Peter Pade rechtliche Schritte gegen das Zeugnis einleiten kann.

12 Informieren Sie sich in Ihrem Ausbildungsbetrieb, wie dort mit der so genannten „Zeugnissprache" umgegangen wird, und diskutieren Sie die Ergebnisse in der Klasse.

Anlage 1

Grundsätze der Personalbeurteilung

Die Personalbeurteilung ist eine der wichtigsten und zugleich schwierigsten Aufgaben des Personalwesens. Sie ist Grundlage für eine gezielte **Personalentwicklung**, eine leistungsgerechte **Entlohnung** und den optimalen **Personaleinsatz**. Eine gerechte Personalbeurteilung ist wesentliches Element für die Motivation der Mitarbeiter, fehlerhafte Beurteilungen führen zu Demotivation und Frustration und können in letzter Konsequenz zur Kündigung eines Mitarbeiters führen.

Beurteilungsverfahren sollten folgenden Grundsätzen folgen:

- Transparenz der Beurteilung: Der Beurteilte soll die Kriterien, nach denen er beurteilt wird, kennen. Er hat zudem ein gesetzliches Anrecht auf Erörterung des Beurteilungsverfahrens und des Beurteilungsergebnisses. Hierzu kann ein Betriebsratsmitglied hinzugezogen werden (§ 82 Abs. 2 BetrVerfG).
- Einheitliche Beurteilungsmaßstäbe: Für vergleichbare Stellen sollten gleiche Beurteilungsmassstäbe gelten und das Beurteilungsverfahren vereinheitlicht sein.

- Ausreichende Beurteilungsgrundlage: Einem Beurteilungsgespräch sollte eine ausreichend lange Zeit der Beobachtung des Mitarbeiters vorausgehen. Alle Beobachtungen sind zu protokollieren.
- Eignung des Beurteilenden: Derjenige, der ständig und direkt mit dem Beurteilten zusammenarbeitet, muss maßgeblich für die Beurteilung zuständig sein. Durch Weiterbildung für die Beurteiler kann zusätzlich Kompetenz für diese schwierige Aufgabe erworben werden.

Um diese Grundsätze zu gewährleisten, haben sich in der Praxis Personalbeurteilungsbögen durchgesetzt, die wesentliche Beurteilungskriterien enthalten.

Grundsätze für Beurteilungsgespräche

Beurteilungsgespräche können anlassbezogen oder regelmäßig erfolgen. Dabei sollten folgende Aspekte angesprochen werden:

- Ziele und Aufgaben im Beurteilungszeitraum,
- Merkmale der Zielerreichung und Aufgabenbewältigung (Grad der Zielerreichung, Stärken und Schwächen,
- Umsetzung der Zielvereinbarungen aus dem letzten Beurteilungsgespräch,
- Unterstützungs- und Fördermaßnahmen für den Mitarbeiter,
- Zielvereinbarung für den kommenden Beurteilungszeitraum.

Lernsituation zu Lernfeld 13: Personaleinsatz planen und Mitarbeiter führen

Lernsituation:	„Mobbing in der Center Warenhaus GmbH"
Lehrbuchkapitel:	4. Personalführung-, entwicklung, -beurteilung und Umgang mit Konflikten
Lernvoraussetzungen:	Personalführung und -entwicklung
Erforderliches Material:	Arbeitsblatt – Mobbing in der Center Warenhaus GmbH

Schul-/Ausbildungsjahr	3	Zeitrichtwert:	U-Std. 2

Unterrichtsverlauf mit Hinweis auf entscheidende Anweisungen, Fragen, Impulse u.a.	Methodisch-mediale Hinweise (Beispiele)
Einführung ■ Lesen des Rollenspiels mit verteilten Rollen	Rollenspiel (Anlage Handlungssituation)
Erarbeitung ■ Anknüpfend an die sich aus dem Rollenspiel ergebenden Ursachen und Folgen des Mobbing werden 1. Begriff 2. Ursachen 3. Folgen erarbeitet.	Arbeitsgleiche Gruppenarbeit
Sicherung ■ Die Schülerinnen und Schüler erarbeiten eine Lösung für die Situation von Petra Jäger.	Vortrag der Lösung im Rollenspiel

Handlungssituation

Sabine Freund ist verzweifelt! Sie sitzt bei ihrer Freundin Kerstin auf dem Sofa und schluchzt.

Sabine: „Seit ich in der Buchhaltung arbeite, fühle ich mich aus dem Kollegenkreis ausgeschlossen. In den ersten Wochen hat mir die Ausbildung richtig Spaß gemacht, aber jetzt wird es mir richtig schlecht, wenn ich an den nächsten Arbeitstag denke."

Kerstin: „Was ist denn um Himmels willen los?"

Sabine: „Seit Frau Hahn aus dem Mutterschaftsurlaub zurück ist, ist alles anders. Immer wenn ich in das Büro komme, verstummen alle und sehen mich an. Es kommt mir so vor, als hätten sie über mich geredet."

Kerstin: „Und worüber, meinst du, reden Sie?"

Sabine: „Das weiß ich ja gerade nicht! – Und dann ist da die Sache mit den Akten ..."

Kerstin: „Welche Akten?"

Sabine: „Seit einiger Zeit verschwinden Akten von meinem Schreibtisch. Ich kann die Terminsachen nicht pünktlich erledigen und bekomme Ärger mit dem Abteilungsleiter, Herrn Schmick."

Kerstin: „Und die Akten sind einfach so verschwunden?"

Sabine: „Nein, nein, sie tauchen plötzlich wieder auf. Gestern zum Beispiel lagen sie angeblich neben dem Kopierer und Frau Hahn brachte sie triumphierend herein und warf sie mit Schwung auf meinen Schreibtisch!"

Kerstin: „Und du hast die Akten wirklich nicht am Kopierer vergessen?"

Sabine: „Ich war den ganzen Tag nicht am Kopierer, der ist doch schon seit zwei Tagen kaputt. Und dann war da noch die Sache mit der Datei ..."

Kerstin: „Welcher Datei?"

Sabine: „Ich habe zwei Tage Zahlen für die Statistik in eine EXCEL-Tabelle eingegeben und als ich nach der Berufsschule weitermachen wollte, war die gesamte Datei verschwunden. ‚Auszubildende sollen Kaffee kochen und kopieren', hat die Hahn gesagt, und Frau Braun hat durch den Raum gerufen: ‚Selbst dazu ist sie zu dumm!'" Sabine bricht in Tränen aus.

Kerstin: „Das ist ja Mobbing!"

Arbeitsaufträge

1 Lesen Sie den Dialog zwischen Sabine Freund und Kerstin Dahn mit verteilten Rollen!

2 Überprüfen Sie, was sich hinter dem Begriff „Mobbing" verbirgt. Suchen Sie in Lexika, Nachschlagewerken oder im Internet nach einer Definition. Stellen Sie diese Definition in der Klasse vor.

3 Diskutieren Sie in der Klasse, welche Folgen Mobbing
a) für den gemobbten Mitarbeiter,
b) für das Unternehmen haben kann.

4 Geben Sie an, welche Konsequenzen Sabine Freund aus der Situation ziehen sollte. Wägen Sie Vor- und Nachteile Ihrer Vorschläge ab. Führen Sie ein anstehendes Gespräch im Rollenspiel durch.

Zu Arbeitsauftrag 2

Der **Begriff des „Mobbing"** stammt aus der englischen Sprache. „To mobb" bedeutet sinngemäß „anpöbeln".

Laut der Vereinten Dienstleistungsgewerkschaft (Ver.di) bedeutet Mobbing:
„Schikanen, Intrigen, Aggressionen und Belästigungen vielfältiger Art, die gegen eine einzelne Person systematisch, häufig und über einen längeren Zeitraum unter Kollegen oder zwischen Vorgesetzten und Unterstellten erfolgen und diese Person schleichend aus dem Kollegenkreis ausgrenzen."

Zu Arbeitsauftrag 3

Die **Folgen des Mobbings für den Mitarbeiter** reichen von Befindlichkeitsstörungen (Stressgefühl, Nervosität) über seelische und körperliche Erkrankungen (Schlafstörungen, Erschöpfungsgefühl, Kopfschmerzen) bis zum Verlust des Arbeitsplatzes.

Die **Folgen für das Unternehmen** sind ebenso gravierend. Mobbing ist immer ein Zeichen schlechten Betriebsklimas. Die Folge sind weniger leistungsbereite Mitarbeiter und damit ein Verlust an Produktivität.

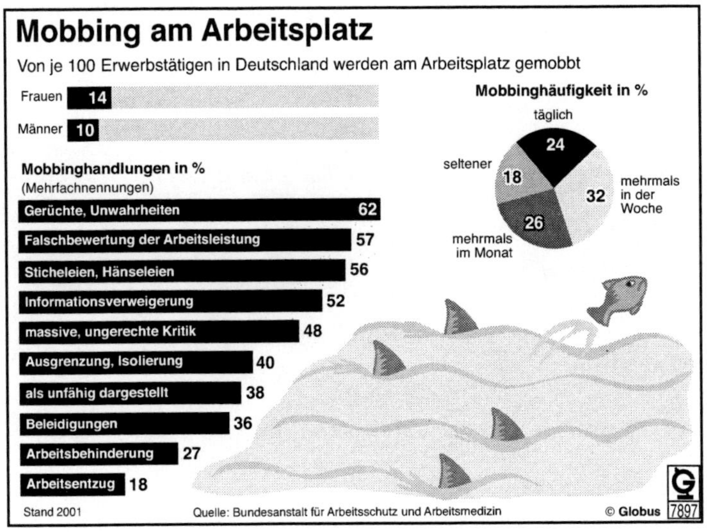

Lernsituation zu Lernfeld 13: Gehaltsabrechnung mithilfe der Gesamtabzugstabelle – eine Gehaltsliste wird erstellt

Herr Tophoven, Abteilungsleiter „Verwaltung" im Mars Elektrofachmarkt e.K., hat die Gehaltsabrechnung für den Monat Januar mit dem Auszubildenden Mehmet Aydin weitgehend vorbereitet. Lediglich für 6 von 50 Angestellten, die ihre Lohnsteuerkarte für das gerade begonnene Jahr noch nicht eingereicht haben, steht die Abrechnung noch aus. Am 25. Januar ruft Herr Tophoven in der Personalabteilung an. Mehmet Aydin nimmt das Gespräch entgegen: „Wegen einer starken Angina bin ich für eine Woche krankgeschrieben. Ich habe aber eine Liste mit allen notwendigen persönlichen Angaben auf meinem Schreibtisch liegen. Ordnen Sie die einzelnen Mitarbeiterinnen und Mitarbeiter den Steuerklassen zu und führen Sie mithilfe der Gesamtabzugstabelle die Gehaltsabrechnung durch. Wenn Sie damit fertig sind, zeigen Sie Frau Feld, der Gruppenleiterin Rechnungswesen, das Ergebnis. Ich habe das schon mit ihr besprochen; sie wird Ihnen weitere Anweisungen erteilen. Ich bin sicher, dass Sie das gut machen, also bis nächste Woche!" „Gute Besserung", wünscht Mehmet Aydin Herrn Tophoven.

Sofort geht er zum Schreibtisch von Herrn Tophoven. Dort findet er folgende Informationen:

Liste der Mitarbeiter, für die noch keine neue Lohnsteuerkarte vorliegt
1. Bonnet, Nico, Personalnummer I 9 95-1, Gruppenleiter „Logistik", ledig, 1 Kind, Gehalt 2862,00 EUR, Steuerfreibetrag je Monat 220,00 EUR, Beitragssatz zur Krankenversicherung 14,4 %. 2. Bruch, Alfons, Personalnummer III 9 01-1, Verkäufer „Weiße Ware", ledig, Gehalt 2465,00 EUR, spart nach dem Vermögensbildungsgesetz monatlich 40,00 EUR, der Arbeitgeber zahlt 25,00 EUR dazu, Beitragssatz zur Krankenversicherung 14 %. 3. Cordes, Dolores, Personalnummer IV 1 04-1, Verkäuferin „Braune Ware", ledig, Gehalt 2460,00 EUR, spart nach dem Vermögensbildungsgesetz monatlich 40,00 EUR, von denen der Arbeitgeber 20,00 EUR trägt, Beitragssatz zur Krankenversicherung 12,8 %. 4. Kunz, Gabriela, Personalnummer VI 1 95-1, Verkäuferin „Neue Medien", verheiratet, Gehalt 2470,00 EUR, auf Antrag in Steuerklasse V, Beitragssatz zur Krankenversicherung 13,8 %. 5. Quirl, Toyah, Personalnummer VI 1 00-1, Verkaufsleiter „Neue Medien", verheiratet, 2 Kinder, Ehefrau ist nicht berufstätig, Gehalt 2860,00 EUR, Beitragssatz zur Krankenversicherung 13,5 %. 6. Schafhaus, Dieter, Personalnummer II 9 83-1, Sachbearbeiter Kundenreklamationen, verheiratet, 1 Kind, Ehefrau ist berufstätig und verdient etwa gleich viel, Gehalt 2465,00 EUR, spart 40,00 EUR nach dem Vermögensbildungsgesetz, Arbeitgeber zahlt keinen Beitrag dazu, Beitragssatz zur Krankenversicherung 14 %.

Lohnsteuerklassen nach § 38 b EStG	
I	Arbeitnehmer, die a) ledig sind, b) verheiratet sind, aber dauernd getrennt leben, oder verwitwet oder geschieden sind.
II	Die unter I genannten Personen, in deren inländischer Wohnung mindestens ein Kind gemeldet ist.
III	Verheiratete Arbeitnehmer, wenn der Ehegatte keinen Arbeitslohn bezieht oder wenn der Ehegatte in die Steuerklasse V eingereiht wird.
IV	Verheiratete Arbeitnehmer, wenn beide Ehegatten Arbeitslohn beziehen.
V	Verheiratete Arbeitnehmer, wenn der Ehegatte ebenfalls Arbeitslohn bezieht und die Einreihung des einen Ehegatten in die Steuerklasse III auf Antrag beider Ehegatten erfolgt.
VI	Arbeitnehmer, die gleichzeitig Arbeitslohn von mehreren Arbeitgebern beziehen; Eintragung auf der zweiten oder jeder weiteren Steuerkarte

Arbeitsauftrag

1 Bestimmen Sie die Steuerklassen der Entgeltempfänger lt. Liste (vgl. Lehrbuch Seite 242 f.). Tragen Sie die Ergebnisse in die Gehaltsliste ein.

2 Führen Sie die einzelnen Gehaltsabrechnungen mithilfe der Auszüge aus der Gesamtabzugstabelle Seite 246 f. durch und tragen Sie die Ergebnisse in die vorgesehenen Spalten und Zeilen der Gehaltsliste ein.

3 Erstellen Sie für jeden Arbeitnehmer die Verdienstabrechnung.

4 Führen Sie anschließend eine Abstimmung der Ergebnisse in der Summenspalte und in der Auszahlungszeile mithilfe eines Tabellenkalkulationsprogramms durch.

5 Erstellen Sie eine Checkliste, indem Sie
   1 die benötigten Vordrucke, Unterlagen und Hilfsmittel für die Lohnabrechnung und -zahlung auflisten,
   2 den Aufbau der Lohn- und Gehaltsabrechnung skizzieren,
   3 die Berechnung der einzelnen Abzüge bzw. die Benutzung der Abzugstabellen darstellen,
   4 festhalten, wann, wohin und wie die Zahlung der Löhne und Gehälter sowie der einbehaltenen Abzüge erfolgt.

6 Präsentieren Sie Ihre Vorstellungen zur Checkliste mit entsprechenden Anschauungsmaterialien (Folien, Ablaufdiagramm u. a.).

Entgeltabrechnung mithilfe der Abzugstabellen

Handlungsformen und Handlungsergebnisse

Handlungsphasen	Unterrichtsziele und -inhalte	Sozialform, Methoden, Medien	Zeitrichtwert in Min.
Analyse	Azubis erläutern die Aufgaben	Ausgangsszenario Umdrucke ■ Gehaltsliste ■ Verdienstabrechnungen Lehrbuch Seiten 245 ff., 248 f. und 251	25

Handlungsphasen	Unterrichtsziele und -inhalte	Sozialform, Methoden, Medien	Zeitrichtwert in Min.
Planen	Gesichtspunkte für die Gehaltsabrechnung mithilfe der Abzugstabelle ■ Vordrucke ■ Arbeit mit der Tabelle	Gruppenarbeit ■ Umdrucke (s. o.) ■ Lehrbuch (Steuerklassen, Abzugstabellen)	20
Durchführen	■ Zuordnung zu Steuerklassen ■ Ermittlung der Abzüge mithilfe der Abzugstabellen ■ Eintragung der Abzüge in die Verdienstabrechnungen und in die Gehaltslisten	Gruppenarbeit Umdrucke Lehrbuch	45
Reorganisation (Wiederholung)	Strukturierung der Arbeitsabläufe zur Gehaltsabrechnung Erläuterung der Arbeitsschritte	Einzelarbeit	25
Präsentation	Vorstellung der Ergebnisse und Erläuterung dazu	Vorträge ausgewählter Lösungen Folien	20
Vertiefung	Übung durch Bearbeiten der Lehrbuchaufgaben Nr. 2, 4, 7, 8–12, 14 auf S. 255 ff.	Einzelarbeit Lehrbuch	90

MARS
ELEKTROFACHMARKT E.K.

Verdienstabrechnung

Name: ....

Str.: .... PLZ/Ort: .... für Monat: .... Jahr: ....

Personalnummer:	Abteilung:	Kostenstelle:	Geburtsdatum:	Eintrittsdatum:	Sozialversicherungsnummer
Lohnsteuerklasse:	**Steuerfreibetrag pro Monat:**	**Konfession:**	**Bankverbindung:**	**BLZ:**	**Kontonummer**

Grundgehalt		EUR
Vermögenswirksame Leistung (Arbeitgeberanteil)		EUR
Bruttogehalt		EUR
davon steuerpflichtig		EUR
davon sozialversicherungspflichtig		EUR
Gesetzliche Abzüge		
Lohnsteuer	EUR	
Solidaritätszuschlag	EUR	
Kirchensteuer	EUR	
Krankenversicherung (Arbeitnehmeranteil)	EUR	
Rentenversicherung (Arbeitnehmeranteil)	EUR	
Arbeitslosenversicherung (Arbeitnehmeranteil)	EUR	
Pflegeversicherung (Arbeitnehmeranteil)	EUR	
Summe gesetzliche Abzüge		EUR
Nettogehalt		EUR
vermögenswirksame Leistung (Sparrate)		EUR
sonstige Abzüge		EUR
Auszahlungsbetrag		EUR

Gehaltsliste	Monat		Jahr		Mars Elektrofachmarkt e. K.			
Name	Bonnet	Bruch	Cordes	Kunz	Quirl	Schafhaus	Summe	Arbeitgeber-anteil zur Sozial-versicherung
Vorname	Nico	Alfons	Dolores	Gabriela	Toyah	Dieter		
Pers.-Nr.	I 9 95-1	III 9 01-1	IV 1 04-1	VI 1 95-1	VI 1 00-1	II 9 83-1		
Steuerklasse								
Grundgehalt								
Vwl (AG-Anteil)								
Bruttoverdienst								
sozialvers.-pflichtig								
steuerpflichtig								
Lohnsteuer								
SolZ								
KiSt 9 %								
KV (AN-Anteil)								
RV (AN-Anteil)								
ALV (AN-Anteil)								
PV (AN-Anteil)								
Nettogehalt								
– Sparrate VwL								
– sonstige Abzüge								
Auszahlung								

Lernfeld 14 – Ein Einzelhandelsunternehmen leiten und entwickeln

1 Von der Geschäftsidee zur Gründung eines Einzelhandelsunternehmens

Lehrbuch Seite 279

Handlungssituation

- Individuelle Lösung.
- Die Erörterung der Voraussetzungen einer Existenzgründung kann anhand der Abbildung im Lehrbuch auf Seite 280 erfolgen.
- Eine ausführliche Handreichung zum Vorgehen bei der Bearbeitung von Projekten findet sich im Band 1 im Lernfeld 1.

Lehrbuch Seite 284

1 Für den selbstständigen Feinkosthändler beinhaltet der Gewinn:
- Einkommen des Kaufmanns
- Verzinsung des eingesetzten Eigenkapitals
- Prämie für das übernommene Risiko.

Walter, der sein Kapital festverzinslich anlegt, erhält lediglich die Kapitalverzinsung.

2 (1) zuständige Behörde (Staatliche Ämter für Gewerbeschutz) Gewerbeaufsichtsamt
(2) Finanzamt
(3) Berufsgenossenschaft
(4) Industrie- und Handelskammer
(5) Krankenkasse
(6) Handelsregister Amtsgericht

3 Vorteile:
- eigene Ideen verwirklichen
- hohe Gewinnerwartungen
- Prestige

Nachteile:
- Arbeitsbelastung
- Risiko

4 Individuelle Lösung.

2 Handelsrechtliche Rahmenbedingungen

2.1 Handelsgewerbe und Firma

Lehrbuch Seite 284

Handlungssituation

- Die Firma „Internationales Geschenkzentrum" ist für Edith Mauser nicht möglich, da hier gegen den Grundsatz der Firmenklarheit verstoßen würde. Bevor sie sich für eine andere Firma entscheidet, sollte sie Einblick in das Handelsregister nehmen, um festzustellen, ob nicht bereits ein Unternehmen gleichen Namens eingetragen ist. Wenn dies nicht der Fall ist, könnte sie z.B. die Firma **Edith Mauser, „Geschenkartikeleinzelhandel"** eingetragene Kauffrau e.K., wählen.
- Individuelle Lösung.
- Da Edith Mauser ein Handelsgewerbe betreibt, ist sie Kauffrau im Sinne des § 1 HGB.

Lehrbuch Seite 288 f.

1 a) Gewerbetreibende
   (1) müssen sich in das Handelsregister eintragen lassen
   (2) müssen Handelsbücher führen
   (3) führen eine Firma
   (4) dürfen Prokura erteilen
   (5) können Personengesellschaften gründen
   (6) bürgen selbstschuldnerisch

b) Kleingewerbetreibende
   (1) können sich in das Handelsregister eintragen lassen (Kannkaufmann)
   (2) sind nur zu eingeschränkter Buchführung verpflichtet
   (3) können keine Prokura erteilen
   (4) können keine Personengesellschaften gründen

2 Die Firma ist der Name des Kaufmanns, unter dem er sein Handelsgewerbe betreibt. Fritz geht somit in den Betrieb.

3 Individuelle Lösungen.

4 Edith Mauser muss eine Firma wählen, die sich deutlich von der eingetragenen Firma unterscheidet.

5 4.

6 1 b)
2 e)
3 c)
4 c)
5 d)
6 a)

2.2 Handelsregister

Lehrbuch Seite 289 f.

Handlungssituation

- Zu folgenden Punkten muss Edith Mauser Angaben machen und Unterlagen bereithalten:
  - Firma
  - Ort der Niederlassung
  - Gegenstand des Unternehmens
  - Geschäftsinhaber
  - Persönlich haftende Gesellschafter
  - Rechtsverhältnisse
- Das Handelsregister soll die Öffentlichkeit über wichtige Sachverhalte und Rechtsverhältnisse der Kaufleute und Handelsgesellschaften unterrichten. Es dient so der Sicherheit im Rechtsverkehr.
- Das Handelsregister führt die Abteilungen A (HRA) für Einzelunternehmen und Personengesellschaften und B (HRB) für Kapitalgesellschaften. Die Wirkung der Eintragung kann deklartorisch (rechtsbezeugend) oder konstitutiv (rechtserzeugend) sein.

Lehrbuch Seite 282 f.

1
- **Deklaratorisch** bedeutet, dass die Rechtswirkung schon vor der Eintragung eingetreten ist. Sie wird durch das Handelsregister lediglich bekannt gemacht.
- **Konstitutiv** bedeutet, dass die Rechtswirkung erst mit Eintragung eintritt.
  Beispiel Die Center Warenhaus GmbH entstand im Moment der Eintragung in das Handelsregister.

2 Eingetragene und bekannt gemachte Tatsachen muss ein Dritter gegen sich gelten lassen.

3 Individuelle Lösung.

4 1) Richtig, das Handelsregister ist das Verzeichnis aller Kaufleute eines Amtsgerichtsbezirks.
2) Falsch, in das Handelsregister kann jedermann bei berechtigtem Interesse Einblick nehmen.
3) Falsch, Kapitalgesellschaften werden in der Abteilung B geführt.
4) Richtig
5) Richtig
6) Richtig

5 Individuelle Lösung.

3 Typische Unternehmensformen im Einzelhandel

3.1 Die kaufmännische Einzelunternehmung (e. K.)

Lehrbuch Seite 293 f.

Handlungssituation

- Erörterung der Vor- und Nachteile anhand der Beispiele im Lehrbuch auf Seite 294 f. und der Abbildung „Aus der Traum“.

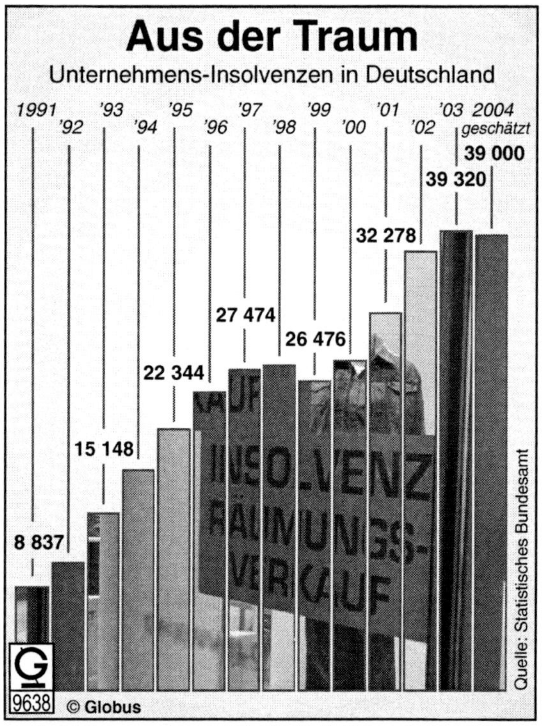

- Hinweise zur Erstellung von Lernplakaten sind in Band 1, Lernfeld 1 gegeben. Die inhaltliche Darstellung der Merkmale kann anhand der Zusammenfassung im Lehrbuch auf Seite 295 erfolgen.

Lehrbuch Seite 295

1 Bei einer Einzelunternehmung handelt es sich um einen Gewerbebetrieb, dessen Eigenkapital von einer Person aufgebracht wird.

2 Der Einzelunternehmer haftet für die Verbindlichkeiten seines Unternehmens allein und unbeschränkt, d.h. mit seinem gesamten Vermögen.

3 Individuelle Lösung (Vor- und Nachteile werden in der Lösung des Arbeitsauftrages angesprochen).

4 Individuelle Lösung.

3.2 Die Kommanditgesellschaft (KG) als Personengesellschaft

Lehrbuch Seite 295

Handlungssituation

- Die Erarbeitung der Merkmale kann anhand der Zusammenfassung im Lehrbuch auf S. 298 erfolgen. Die dargestellten Probleme von Frau Mauser werden durch die Gründung einer KG gelöst. Dem Unternehmen wird Eigenkapital durch den Kommanditanteil von Herrn Schröder zugeführt. Dass Schröder die Haftung beschränken und nicht mitarbeiten will, wird durch den Status des Kommanditisten gewährleistet.
- Auch die Aufnahme eines Komplementärs würde Frau Mausers Probleme lösen. Hier müsste sie jedoch einen Teilhaber finden, der zur Mitarbeit im Unternehmen bereit ist.

Lehrbuch Seite 298 f.

1 a) Die KG muss in das Handelsregister eingetragen werden. Die Anmeldung erfolgt bei der zuständigen Behörde, beim Finanzamt, der Berufsgenossenschaft, der Industrie- und Handelskammer und, sofern Arbeitnehmer beschäftigt werden, bei der Krankenkasse.

b) Der Komplementär haftet unbeschränkt, unmittelbar und solidarisch. Die Haftung des Kommanditisten ist auf die Einlage beschränkt.

c) Die Gewinnverteilung erfolgt nach HGB: „4 % auf das eingesetzte Kapital, Rest angemessen".

d) Die Komponente der Kapitalverzinsung berücksichtigt die unterschiedliche Höhe des eingesetzten Kapitals, die Komponente der angemessenen Verteilung des Restgewinns berücksichtigt das unterschiedliche Risiko.

e) Rothe KG, Rothe & Co. KG usw.

f)

Rechte des Komplementärs	Pflichten des Komplementärs
■ Vertretung ■ Gewinnanteil ■ Geschäftsführung	■ Wettbewerbsverbot ■ Haftung ■ Geschäftsführung

2 a) Ja, der Komplementär hat Vertretungsmacht.

b) Keine, da die Käufe nicht über den gewöhnlichen Geschäftsbetrieb hinausgehen.

c) Für den Komplementär gilt das Wettbewerbsverbot der §§ 112, 113 HGB. Da Kotte jedoch Kommanditist ist, greift der § 165 HGB, der lautet: „Die §§ 112 und 113 finden auf den Kommanditisten keine Anwendung."

d) Grundsätzlich zulässig.

e) Kotte haftet noch fünf Jahre für die bei Austritt vorhandenen Verbindlichkeiten. Die Haftung ist auf die Höhe der Einlage beschränkt.

3 Bei der im HGB vorgesehenen Verzinsung von 4 % handelt es sich um keinen marktgerechten Zins. Aus diesem Grund wird die Verzinsung an den RePo Satz angekoppelt, der die Funktion eines Leitzinses erfüllt.

4 Gewinnverteilung der KG gem § 167 HGB: Da der Komplementär durch seine unbeschränkte, unmittelbare und solidarische Haftung ein größeres Risiko als der Kommanditist eingeht und er zudem im Unternehmen aktiv mitarbeitet, erhält er eine höhere Verzinsung als der Kommanditist.

3.3 Die Gesellschaft mit beschränkter Haftung (GmbH) als Kapitalgesellschaft

Lehrbuch Seite 299

Handlungssituation

- In § 11 des Gesellschaftsvertrages der Center Warenhaus GmbH heißt es: *„Abgestimmt wird nach Geschäftsanteilen. Je 50,00 EUR eines Geschäftsanteils gewähren eine Stimme."* Darüber hinaus heißt es in § 53 Absatz (2) GmbHG, eine Satzungsänderung „bedarf einer Mehrheit von drei Viertel der abgegebenen Stimmen". Da die Ausgliederung einer Abteilung in eine eigene GmbH eine Satzungsänderung voraussetzt und beide Gesellschafter die Hälfte der Anteile halten, muss Frau Sommer der Ausgliederung zustimmen.
- Die Mitarbeiter sind dann nicht mehr bei der Center Warenhaus GmbH beschäftigt. Es stellt sich z.B. die Frage, ob die Lebensmittel GmbH Mitglied im Arbeitgeberverband des Einzelhandels wird und die GmbH somit Tarifgehälter zahlt.

- Ein Grund könnte z. B. sein, dass mit der Ausgliederung die Gewinnverantwortlichkeit und das Risiko bei der Lebensmittel GmbH liegt.
- Hinweise zur Erstellung von Lernplakaten sind in Band 1, Lernfeld 1 gegeben. Die inhaltliche Darstellung der Merkmale kann anhand der Zusammenfassung im Lehrbuch auf Seite 302 erfolgen.

Lehrbuch Seite 302 f.

1

Gründung:	■ Mindestzahl der Gesellschafter nicht vorgeschrieben ■ notarieller Gesellschaftsvertrag erforderlich ■ Eintragung in das Handelsregister
Firma:	■ Sach-, Personen-, Fantasiefirma oder gemischte Firma mit Zusatz GmbH
Kapitalbeschaffung:	■ Stammkapital mindestens 25 000,00 EUR ■ Stammeinlage je Gesellschafter mindestens 100,00 EUR ■ Fremdkapitalbeschaffung durch Beschränkung der Haftung problematisch
Haftung:	■ die juristische Person mit ihrem gesamten Vermögen
Geschäftsführung und Vertretung:	■ durch die Geschäftsführer
Beschlussfassendes Organ:	■ Gesellschafterversammlung
Kontrollorgan:	■ ggf. Aufsichtsrat
Gewinnverteilung:	■ im Verhältnis der Geschäftsanteile
Verlustverteilung:	■ Aufzehrung von Rücklagen

2 Bei der GmbH handelt es sich um eine Kapital-, bei der KG um eine Personengesellschaft.

3 a) 25 000,00 EUR
b) Ja, 100,00 EUR
c) notarielle Form des Gesellschaftsvertrages und Eintragung in das Handelsregister erforderlich
d) Wolf und Walter GmbH
Sportmarkt GmbH
Sport 2000 GmbH
e) „Ist vor Eintragung im Namen der Gesellschaft gehandelt worden, so haften die Handelnden persönlich und solidarisch", § 11 Abs. 2 GmbHG
f) Ja, da Wolf Einzelvertretungsmacht hatte.
g) ■ Wolf 300 Stimmen
■ Walter senior 190 Stimmen
■ Walter junior 10 Stimmen
h) Im Verhältnis der Geschäftsanteile, d. h. 150 : 95 : 5 oder 30 : 19 : 1.

4 Individuelle Lösung.

4 Kooperation und Konzentration im Einzelhandel

Lehrbuch Seite 303

Handlungssituation

- Individuelle Lösung.
- Beim Einkaufszentrum Rheinpark handelt es sich um eine Form der horizontalen Kooperation, d. h. um den Zusammenschluss wirtschaftlich und rechtlich selbstständig bleibender Unternehmen auf der gleichen Handelsstufe.

Lehrbuch Seite 309 f.

1 Individuelle Lösung. Grundlage der Diskussion könnte die Abbildung auf S. 304 im Lehrbuch sein.

2 Individuelle Lösung.

3 Individuelle Lösung.

4 Vorteile:
- risikolose Erweiterung des Sortiments um attraktive Artikel
- Abwälzung von Aufgaben der Beschaffung und Warenpflege
- zusätzliche Mieteinnahmen

Nachteile:
- Der selbstständige Einzelhändler wird zum Vermieter von Regalmetern degradiert.
- Der Einzelhändler hat keinen Einfluss auf die Sortimentspolitik innerhalb der vermieteten Regalfläche.

5

	Konzern	Kartell
rechtliche Selbstständigkeit wirtschaftliche Selbstständigkeit Ziel der Zusammenarbeit rechtliche Einschränkungen	bleibt erhalten wird aufgegeben Erringung von Marktmacht grundsätzlich erlaubt	bleibt erhalten bleibt erhalten marktbeherrschende Stellung grundsätzlich verboten

6 Franchising ist eine Form der Kooperation, bei der der Franchisegeber aufgrund einer langfristigen vertraglichen Bindung dem Franchisenehmer das Recht einräumt, bestimmte Waren oder Dienstleistungen unter Verwendung der Firma, der Marke, der Ausstattung und der technischen und gewerblichen Erfahrungen des Franchisegebers zu nutzen.

7 Individuelle Lösung.

8 5.

5 Finanzierung

5.1 Möglichkeiten der Finanzierung

Lehrbuch Seite 310

Handlungssituation

- Das Umlaufvermögen sollte mit mittel- und kurzfristigem Fremdkapital finanziert werden, da es in absehbarer Zeit wieder in Kapital umgesetzt wird. Darlehenskredite sind in erster Linie für die Anschaffung von Anlagevermögen geeignet.
- Die Höhe des Kapitalbedarfs eines Einzelhandelsunternehmens hängt von vielen Faktoren ab, u.a. von der Branche, den Waren (Sortiment, durchschnittliche Lagerdauer, Umschlagshäufigkeit, Mindestbestand), der Marketing-Konzeption, den Handlungskosten, den Zahlungsgewohnheiten der Branche. Bei der Neugründung eines Unternehmens sind zusätzlich die Planungskosten, die Kosten für Baumaßnahmen, die Anlaufkosten und die Kosten der Rechtsform zu berücksichtigen.

Lehrbuch Seite 314

1 Jedes Einzelhandelsunternehmen benötigt sowohl zur Gründung als auch zur Durchführung der laufenden Geschäftstätigkeit Kapital. Dieses Kapital muss beschafft werden, z.B. durch eigene Einlagen des Unternehmers (Eigenkapital) oder durch Aufnahme von Bankkrediten (Fremdkapital). Die Beschaffung von Geld- oder Sachkapital (z.B. Grundstücke, Gebäude) bezeichnet man als Finanzierung (= Mittelherkunft), die Anlage von Geld- oder Sachkapital im Betriebsvermögen (Anlage- und Umlaufvermögen) als Investition (= Mittelverwendung).

2 Die Beschaffung und Verwendung des Kapitals ist aus der Bilanz eines Unternehmens zu ersehen.
- Die Aktivseite erfasst die Formen des Vermögens, d.h. die Mittelverwendung = Investitionen.
- Die Passivseite erfasst die Quellen des Kapitals, d.h. die Mittelherkunft = Finanzierung.

Die Aktivseite (= Vermögen) der Bilanz gibt die Kapitalverwendung = Investition, die Passivseite (= Kapital) die Kapitalherkunft = Finanzierung an.

3 Das Anlagevermögen sollte weitestgehend mit Eigenkapital bzw. in geringem Umfang mit langfristigem Fremdkapital finanziert werden. Einige Posten des Anlagevermögens, z.B. Grundstücke, Gebäude, bleiben sehr lange im Betrieb, das Kapital ist also in diesen Posten des Anlagevermögens gebunden. Andere Posten des Anlagevermögens, z.B. Fuhrpark, Geschäftsausstattung, verbleiben mittelfristig im Betrieb, sie nutzen sich aber im Laufe der Zeit ab (Fuhrpark) oder werden unmodern (Geschäftsausstattung) und müssen erneuert werden. Die Mittel für die Neuanschaffung dieser Posten werden in der Kalkulation berücksichtigt, indem in den Verkaufspreisen die entsprechenden Abschreibungsbeträge eingerechnet werden. Wenn ein Einzelhändler einen großen Teil seines Anlagevermögens mit Fremdkapital finanziert, dann ergeben sich für ihn folgende Konsequenzen:
- hohe Zinsbelastung,
- hohe Tilgungsraten,
- steuerliche Absetzbarkeit der Zinsen.

Durch die hohe Fremdkapitalbelastung entstehen möglicherweise Liquiditätsengpässe.

4 Goldene Finanzierungsregel: Aufgenommenes Fremdkapital soll erst dann fällig werden, wenn die damit finanzierten Investitionen des Anlage- und Umlaufvermögens durch die Umsatzerlöse wieder zu Kapital geworden sind, um die Zahlungsfähigkeit des Einzelhandelsunternehmens jederzeit zu gewährleisten.

5 Die Höhe des Kapitals, das ein Einzelhandelsunternehmen benötigt, hängt von einer Vielzahl an Faktoren ab. So ist bei einer Neugründung ein anderer Kapitalbedarf erforderlich als bei einer Betriebserweiterung. Im Wesentlichen ist der Kapitalbedarf abhängig von
- der Branche,
- den Waren (Sortiment, durchschnittliche Lagerdauer, Umschlagshäufigkeit, Mindestbestand),
- der Marketing-Konzeption (Verkaufsform, Betriebsform, Betriebsgröße, Betriebs- und Geschäftsausstattungen, Dienstleistungen),
- den Handlungskosten,
- den Zahlungsgewohnheiten der Branche (der Kunden, der Lieferer).

Bei einer Neugründung und bei Umbaumaßnahmen von Einzelhandelsbetrieben hängt der Kapitalbedarf von folgenden zusätzlichen Faktoren ab:
- Planungskosten,
- Kosten für Baumaßnahmen,
- Anlaufkosten,
- Rechtsform.

6 Ein Einzelhandelsbetrieb sollte immer seinen finanziellen Verpflichtungen nachkommen können. Allerdings sollten auch keine überschüssigen Gelder ungenutzt im Betrieb vorhanden sein, wenn sie nicht gewinnbringend eingesetzt werden können. Infolgedessen erstellt ein Einzelhändler einen Finanzplan (nicht zu verwechseln mit dem Finanzierungsplan), in dem die erwarteten Einnahmen und Ausgaben für einen bestimmten Planungszeitraum (z.B. Monat, Quartal, Halbjahr) gegenübergestellt werden. Somit verschafft sich ein Einzelhändler einen Überblick über die erwarteten Einnahmen und Ausgaben. Hierbei muss er überprüfen, ob die Summe der erwarteten Einnahmen mindestens so groß ist wie die Summe der zu erwartenden Ausgaben.

5.2 Arten der Finanzierung

Lehrbuch Seite 314

Handlungssituation

- Die Edith Mauser Spielwaren KG hat die Wahl zwischen einer Einlagen-, Fremd- oder Selbstfinanzierung. Bei der Finanzierung müssen die Gesellschafter abwägen, ob sie einem neuen Gesellschafter in ihr Unternehmen aufnehmen, durch eigene Mittel ihr Eigenkapital erhöhen oder Kredite bei der Bank oder den Lieferern aufnehmen.
  Bei der Selbst- und der Einlagenfinanzierung steigt die Kreditwürdigkeit der KG, bleibt der Einsatz von Fremdkapital eingeschränkt und behält das Unternehmen seine Unabhängigkeit.
  Die Fremdfinanzierung dient zu Finanzierung von größeren Investitionsvorhaben. Hierbei verliert das Unternehmen einen Teil seiner Unabhängigkeit, ferner werden laufende Zins- und Tilgungsraten fällig. Allerdings steigt damit auch die Liquidität, da vorhandene Geldmittel für andere Zwecke verwendet werden können.
  Edith Mauser muss die Vor- und Nachteile der einzelnen Finanzierungsarten gegeneinander abwägen und dann eine Entscheidung fällen.

Lehrbuch Seite 324f.

1 Stellen der Eigentümer bzw. die Gesellschafter einer Kommanditgesellschaft oder einer Einzelunternehmung das Kapital zur Verfügung, spricht man von Einlagenfinanzierung. Bei dieser Finanzierung ist bzw. wird der Kapitalgeber Eigentümer des Unternehmens. Beteiligungsfinanzierung liegt bei einer Beteiligung von Kapitalgebern an einer GmbH vor.
Bei einer Einzelunternehmung muss der Einzelunternehmer das Kapital aus seinem Privatvermögen aufbringen oder er wandelt seine Unternehmung in eine Gesellschaftsunternehmung um. Bei der Kommanditgesellschaft (KG) können die Gesellschafter das Kapital durch weitere Kapitaleinlagen aufbringen oder sie nehmen neue Gesellschafter in die Unternehmung auf.
Bei der GmbH muss bei einer Beteiligungsfinanzierung entweder das Stammkapital erhöht oder neue Gesellschafter müssen aufgenommen werden.

2 Vorteile einer Finanzierung mit Eigenkapital sind:
- Das Unternehmen bleibt unabhängig,
- der Einsatz von Fremdkapital bleibt eingeschränkt, somit sind weniger Zinsen und Tilgungsraten zu zahlen,
- die Kreditwürdigkeit steigt, da das Eigenkapital größer wird,
- das Risiko bei der Beteiligungsfinanzierung wird verteilt, da mehrere Personen haften,
- keine laufenden Zins- und Tilgungsraten fallen an.

Da die Kapitalgeber keinen Anspruch auf eine feste Verzinsung ihres Kapitals haben, ist es insbesonders in wirtschaftlich schwierigen Situationen vorteilhaft, wenn das Unternehmen zu einem überwiegenden Teil mit Eigenkapital finanziert wird.

3 Unter Selbstfinanzierung versteht man eine Finanzierung aus erwirtschafteten, einbehaltenen Gewinnen. Hierdurch erhöht sich das Eigenkapital. Das Einzelhandelsunternehmen finanziert sich aus eigener Kraft mit den Mitteln, die in der Unternehmung erwirtschaftet wurden.
In Kapitalgesellschaften wird eine Selbstfinanzierung oft durch den Gesellschaftsvertrag (GmbH) vorgeschrieben.
Vorteile einer Selbstfinanzierung sind:
- Der Einzelhändler bleibt unabhängig,
- keine Kreditkosten, Zinsen, Tilgungsraten fallen an,
- die Kreditwürdigkeit steigt,
- der Fremdkapitalanteil verringert sich.

Die Selbstfinanzierung kann folgende Nachteile mit sich bringen:
- Gefahr von Fehlinvestitionen: Bei der Investition von nicht ausgeschütteten Gewinnen erfolgt ggf. keine wirkungsvolle Überprüfung der Wirtschaftlichkeit dieser Investition.
- Durch die günstige Gewinnsituation eines Jahres kann es zur falschen Anlage der vorhandenen Mittel kommen.

4 Nach der Laufzeit der Kredite kann man unterscheiden in
- langfristige Kredite: Zu den langfristigen Krediten zählt man Darlehen mit einer Finanzierung von über fünf Jahren. Es sind meistens Kredite, die zur Finanzierung des Anlagevermögens aufgenommen werden.
- mittelfristige Kredite: Zu den mittelfristigen Krediten zählen Darlehen mit einer Laufzeit von ein bis fünf Jahren. Sie werden für die Finanzierung kurzlebiger Güter des Anlagevermögens aufgenommen (z.B. Fuhrpark, Personalcomputer).

- kurzfristige Kredite: Sie haben eine Laufzeit bis zu einem Jahr und werden in erster Linie für die Finanzierung des Umlaufvermögens, insbesondere der Waren, aufgenommen (Lieferantenkredite).

5 Jedes Einzelhandelsunternehmen kalkuliert die Abschreibungen in seine Verkaufspreise ein. Infolgedessen fließen die Abschreibungen über die Verkaufspreise in das Unternehmen zurück. Dadurch stehen dem Unternehmen diese Geldmittel für die Finanzierung neuer Anlagen, die die alten, verbrauchten ersetzen sollen, zur Verfügung. Da die Geldmittel kontinuierlich eingehen, aber erst zu einem späteren Zeitpunkt benötigt werden, stehen diese Geldmittel dem Unternehmen lange vor dem Ersatzzeitpunkt zur Verfügung. Der Einzelhandelsbetrieb hat somit zusätzliche Geldmittel durch freigesetzte Abschreibungsbeträge.

6 Beim Kontokorrentkredit hat ein Einzelhändler die Möglichkeit, sein laufendes Konto bei einer Bank bis zur Höhe eines bestimmten Betrages (= Kreditlimit) in Anspruch zu nehmen, d.h., er kann sein Konto bis zu einer gewissen Höhe überziehen. Bei einem Girokonto, bei dem ein Privatkunde sein Konto überziehen darf, spricht man in der Praxis von einem Dispositionskredit. Der Kontokorrentkredit muss mit dem Kreditinstitut vereinbart werden. Er wird in der Regel für sechs Monate gewährt. Für den Einzelhändler fallen folgende Kosten an:

- Für den in Anspruch genommenen Kredit muss er Zinsen (Sollzinsen) bezahlen. Der Zinssatz für diesen Kredit ist relativ hoch.
- Da die Bank für den Kunden das Geld bereithält, kann sie dieses Geld nicht für andere Zwecke verwenden. Für die Bereitstellung des Kredits (Einzelhändler kann den Kredit jederzeit in Anspruch nehmen) verlangt die Bank Kreditprovision (Bereitstellungsentgelt).
- Für die Kontoführung wird Umsatzprovision berechnet.
- Wenn der Einzelhändler das Kreditlimit überschreitet, berechnet die Bank zusätzlich zu den Sollzinsen Überziehungsprovision.

7 Der Kreditvertrag sollte folgende Inhaltspunkte enthalten:

- Höhe des Kredites
- Verwendungszweck des Kredites
- Zinssatz und Fälligkeit der Zinsen
- Rückzahlung des Kredites
- Sicherung des Kredites

8 Die Kreditinstitute müssen sicher sein, dass sie ihr verliehenes Geld auch wieder zurückbekommen. Daher überprüfen sie grundsätzlich die Kreditwürdigkeit (Bonität) ihrer Kunden. Bei gewerblichen Kunden wie einem Einzelhandelsbetrieb wollen die Kreditinstitute insbesondere bei größeren Krediten Einsicht in die Geschäftsbücher nehmen, eventuell verlangen sie Abschriften von Bilanz und GuV-Rechnung, zudem nehmen sie Betriebsbesichtigungen vor. Ferner werden die persönlichen Verhältnisse des Kreditnehmers überprüft (Ruf, familiäre Verhältnisse usw.) und Auskünfte bei öffentlichen und gewerblichen Auskunfteien eingeholt. Bei größeren Krediten verlangen die Kreditinstitute zudem Sicherheiten.

9 a) Angebot 1. Bank:

9,5 % Zinsen/2 Jahre von 200000,00 EUR	38000,00 EUR
+ Bearbeitungsentgelt	800,00 EUR
Kosten des Kredits	38800,00 EUR

Angebot 2. Bank:

8 % Zinsen/2 Jahre von 200000,00 EUR	32000,00 EUR
+ Disagio 3 % von 200000,00 EUR	6000,00 EUR
+ Bearbeitungsentgelt 0,5 % von 200000,00 EUR	1000,00 EUR
Kosten des Kredits	39000,00 EUR

b) Die Kreditkosten entstehen für die Laufzeit von zwei Jahren:

Effektivverzinsung 1. Bank:

$$\text{Effektiver Zinssatz} = \frac{38800 \cdot 100 \cdot 360}{720 \cdot 200000} = \underline{\underline{9{,}7\,\%}}$$

Effektivverzinsung 2. Bank:

$$\text{Effektiver Zinssatz} = \frac{39000 \cdot 100 \cdot 360}{720 \cdot 200000} = \underline{\underline{9{,}75\,\%}}$$

10 Name und Anschrift der Vertragspartner, Kredithöhe, Auszahlung bei Darlehen, Verwendungszweck, nominaler und effektiver Zinssatz, Zinstermine, Rückzahlung bzw. Kündigung des Kredites, Kreditsicherung, falls erforderlich

11 34 500 − 3 % = 33 465,00 EUR

$$\text{Zinsen} = \frac{\text{Kapital} \cdot \text{Zeit} \cdot \text{Zinssatz}}{100 \cdot 360} = \frac{33\,465 \cdot 46 \cdot 14}{100 \cdot 360} = \underline{\underline{598{,}65\ \text{EUR}}}$$

Skonto	1 035,00 EUR
− Kosten des Bankkredits	598,65 EUR
Finanzierungsgewinn	436,35 EUR

46 Tage = 3 %
360 Tage = x   x = $\underline{\underline{23{,}48\,\%}}$ Effektivzinssatz

12 a) Kassensysteme, Fahrzeuge, Fotokopierer, Regalsysteme, Einkaufswagen, Arbeitsmittel, Ladeneinrichtung, Telefonanlagen, Kühltheken, Lager- und Ladenräume.
b) Fotokopierer, Fernseher, Computer, teure Küchengeräte.

13 Leasingverträge können unterschieden werden in Operating-Leasing und Financial Leasing.
- **Operating-Leasing**
  Bei dieser Form hat der Leasingnehmer das Recht, den Vertrag jederzeit termingerecht zu kündigen, da keine feste Grundleasingzeit vereinbart worden ist. Der Leasinggeber trägt somit das volle Investitionsrisiko. Es handelt sich um Leasingobjekte (Kraftfahrzeuge, Fotokopiergeräte, Büromaschinen), die nach Beendigung des Leasingverhältnisses vom Leasinggeber erneut vermietet werden.
- **Financial Leasing (Finanzierungsleasing)**
  Es handelt sich um langfristige Verträge, die während der Grundleasingzeit unkündbar sind. Nach Ablauf der Grundleasingzeit kann der Leasingnehmer entscheiden, ob er das alte Leasingobjekt weiterleasen oder ein neues leasen will. Er kann das Leasingobjekt auch vom Leasinggeber kaufen. Bei dieser Leasingform trägt der Leasingnehmer das Investitionsrisiko, d.h. das Risiko der wirtschaftlichen Wertminderung durch technischen Fortschritt. Bei den Leasingobjekten handelt es sich um Maschinen und Betriebs- und Geschäftsausstattungen.

14 Folgende Nachteile des Leasings ergeben sich für den Leasingnehmer:
- hohe Fixkostenbelastung des Betriebes durch Leasingraten,
- Leasing ist teurer als Kreditkauf,
- bei Financial Leasing ist der Leasingnehmer vertraglich lange gebunden.

Folgende Vorteile des Leasings ergeben sich für den Leasingnehmer:
- Geleaste Objekte sind ständig auf dem neuesten Stand der Technik,
- der Leasingnehmer hat bestimmte monatliche Raten, die genaue Kalkulation ermöglichen,
- Verringerung des Kapitalbedarfs,
- Kreditsicherheiten sind nicht erforderlich,
- Leasingkosten können aus den laufend erwirtschafteten Erträgen des Leasingobjekts bezahlt werden,
- keine Aktivierung der Leasinggüter in der Bilanz, Abzugsfähigkeit der Leasingraten als Betriebskosten.

15 4.

16 3.

5.3 Kreditsicherung

Lehrbuch Seite 326

Handlungssituation

- Edith Mauser hat mehrere Möglichkeiten, der Bank Sicherheiten für den Kredit über 20000,00 EUR anzubieten. Es bieten sich in diesem Fall insbesondere eine Sicherungsübereignung oder ein Bürgschaftskredit an.
- Individuelle Lösung.

Lehrbuch Seite 331

1 Die Bürgschaft entsteht durch einen Vertrag zwischen dem Kreditnehmer (z.B. ein Kreditinstitut) und dem Bürgen, wonach der Bürge für die Erfüllung der Verbindlichkeiten des Kreditnehmers haftet. Für Bürgschaftsversprechen ist per Gesetz die Schriftform vorgeschrieben. Nur Kaufleute können sich auch mündlich verbürgen.
Wird ein Bürge von einem Kreditgeber in Anspruch genommen, kann er das Geld vom Kreditnehmer zurückverlangen. Haften bei einem Bürgschaftskredit mehrere Bürgen zusätzlich zum Kreditnehmer, spricht man von einer gesamtschuldnerischen Bürgschaft.
Man unterscheidet zwei Arten der Bürgschaft:
- Ausfallbürgschaft: Bei dieser Bürgschaft kann der Bürge das „Recht der Einrede der Vorausklage" geltend machen, d.h., der Bürge muss erst dann zahlen, wenn der Kreditgeber nachweisen kann, dass der Kreditnehmer zahlungsunfähig ist.
- Selbstschuldnerische Bürgschaft: Bei dieser Art der Bürgschaft verzichtet der Bürge auf das „Recht der Einrede der Vorausklage". Der Bürge kann vom Kreditgeber schon dann zur Zahlung herangezogen werden, wenn der Kreditnehmer den Kredit nicht rechtzeitig zurückzahlt.

2

		Vorteile	Nachteile
a)	**Kreditgeber (KG)**	■ KG hat im Insolvenzfalle Recht auf Absonderung ■ KG kann bei Zahlungsverzug (= Nicht-Rechtzeitig-Lieferung) des KN Sicherungsgegenstand sofort verkaufen lassen	■ Auf den übereigneten Gegenständen ruht Eigentumsvorbehalt ■ KN verkauft übereignete Gegenstände an gutgläubige Dritte weiter ■ Gegenstände sind möglicherweise bereits vom KN übereignet worden ■ Übereignete Gegenstände können beschädigt oder zerstört werden

		Vorteile	Nachteile
b)	**Kreditnehmer (KN)**	■ KN kann mit übereigneten Gegenständen weiterarbeiten ■ Übereignung ist nach außen nicht erkennbar ■ KN kann mit dem Kredit bereits arbeiten	■ KG kann bei Zahlungsverzug (= Nicht-Rechtzeitig-Lieferung) den übereigneten Gegenstand sofort verkaufen lassen

3 Der Kreditgeber muss die Kreditwürdigkeit (Bonität) eines Kreditnehmers überprüfen, um
- keine unnötigen Verluste durch die Kreditvergabe an unseriöse Kreditnehmer zu erzielen,
- nicht selbst durch den Forderungsausfall in Liquiditätsprobleme zu geraten,
- von vornherein keine Kredite an zahlungsunfähige Personen zu vergeben.

4 Der Eigentumsvorbehalt beinhaltet, dass die Ware bis zur vollständigen Zahlung des Kaufpreises **Eigentum des Verkäufers bleibt**. Der Eigentumsvorbehalt ermöglicht dem Verkäufer bei Nicht-Rechtzeitig-Zahlung (Zahlungsverzug) des Käufers mit Fristsetzung den Rücktritt vom Kaufvertrag und den Herausgabeanspruch bezüglich der Ware. Der Eigentumsvorbehalt erlischt mit der vollständigen Zahlung des Kaufpreises (einfacher Eigentumsvorbehalt). Beim zweiseitigen Handelskauf (z.B. zwischen Hersteller oder Großhändler und Einzelhändler) wird in der Regel ein **verlängerter Eigentumsvorbehalt** vereinbart. Der Käufer darf in diesem Fall die noch nicht bezahlte Ware weiterverkaufen. Allerdings muss der Einzelhändler beim Weiterverkauf der Waren seine Preisforderung gegenüber dem Kunden an den Verkäufer abtreten.

5 Ein Kreditgeber kann für die Überprüfung der Kreditwürdigkeit eines Kunden folgende Informationsquellen heranziehen:
- GuV-Rechnung, Bilanz, Geschäftsbücher des Kunden,
- Betriebsbesichtigungen,
- Handelsregister-, Grundbuchauszüge,
- Steuerunterlagen des Kunden.

6 4.

6 Überwachung des Zahlungseingangs

Lehrbuch Seite 331 f.

Handlungssituation
- Da seit dem Zugang der Rechnung 30 Tage vergangen sind, befindet sich der Käufer im Zahlungsverzug.
- Die Mars Elektrofachmarkt e.K. sollte dem Käufer eine letzte Nachfrist setzen. Sollte der Käufer auch diese Nachfrist verstreichen lassen, sollte der Elektromarkt einen Mahnbescheid beim Amtsgericht beantragen.
- Individuelle Lösungen.

Lehrbuch Seite 338

1 Voraussetzung für den Eintritt des Zahlungsverzuges ist die Fälligkeit der Zahlung.
Der Schuldner kommt bei unbestimmten Zahlungsterminen **30 Tage nach dem Erhalt einer Rechnung** automatisch im Verzug – ohne weitere Mahnung (§286 Abs. 3 BGB). Die 30-Tage-Frist beginnt mit der Zustellung der Rechnung. Den ordnungsgemäßen Zugang der Rechnung hat im Streitfall der Gläubiger zu beweisen. Der Zahlungsverzug tritt nur dann ein, wenn die vom Verkäufer geschuldete Leistung bereits vertragsmäßig erbracht wurde. Bei festen Zahlungsterminen gerät der Käufer sofort mit dem Verstreichen des Zahlungstermins in Verzug.

2 Da dem Verkäufer durch die Nichtzahlung oder die verspätete Zahlung des Käufers Zinsen entgehen (bei rechtzeitiger Zahlung hätte er den Geldbetrag bei einer Bank zinsbringend anlegen können), hat er Anspruch auf Verzugszinsen beim einseitigen Handelskauf lt. Gesetz 5 % über dem Basiszinssatz für Kredite, beim zweiseitigen Handelskauf 8 % über dem Basiszinssatz.

3 Befindet sich der Käufer im Zahlungsverzug, stehen dem Verkäufer folgende Rechte zu:
Der Verkäufer kann zuerst nur Nacherfüllung verlangen d.h., er kann
- **auf Zahlung bestehen**, d.h., der Käufer zahlt nach dem Zahlungstermin und der Verkäufer stellt keine weiteren Ansprüch, oder
- **auf Zahlung bestehen und Schadenersatz wegen Verzögerung der Leistung verlangen.** Der Schadenersatz (Ersatz des Verzugsschadens) kann die entgangenen Zinsen und den Kostenersatz (Mahnkosten) umfassen.

Wenn die Nacherfüllung durch den Käufer nach einer Mahnung mit Fristsetzung nicht erfolgt, dann kann der Verkäufer
- **die Zahlung ablehnen** und **vom Vertrag zurücktreten,** d.h., der Verkäufer verlangt seine Waren zurück,
- **oder die Zahlung ablehnen** und **Schadenersatz statt der Leistung verlangen.**

4 vgl. Brief S. 108

Brief zu Aufgabe 4 auf Seite 107

Radio- und Fernsehgeschäft Dehmer e. K.

Radio- und Fernsehgeschäft Dehmer e. K. · Weserstraße 117 · 53113 Bonn

Frau
Hertha Straub
Am Südhang 53
53809 Ruppichteroth

Telefon:	0228 1471-18
USt.-IDNr.:	205/114/2221
Steuernummer:	DE-61423681

Ihr Zeichen, Ihre Nachricht vom	Unser Zeichen, unsere Nachricht vom	Telefon, Name	Datum
st ..-01-16	de-vo ..-01-17	183, Dehmer	..-02-21

Zahlungserinnerung

Sehr geehrte Frau Straub,

am 17. Januar .. lieferten wir Ihnen ordnungsgemäß das bestellte Fernsehgerät „Barcelona“ für eine Woche auf Probe.

In dem von Ihnen unterschriebenen Kaufvertrag waren wir so verblieben, dass Sie das Fernsehgerät bei Nichtgefallen innerhalb einer Woche zurückgeben konnten. Nach Ablauf der einwöchigen Probezeit sollte das Fernsehgerät zum Kaufpreis von 990,00 EUR in Ihr Eigentum übergehen, wobei der Kaufpreis von Ihnen innerhalb von 6 Tagen an uns überwiesen werden sollte.

Das Fernsehgerät wurde von Ihnen nicht zurückgegeben. Leider ist der Rechnungsbetrag bis zum heutigen Tag noch nicht bei uns eingegangen.

Wir bitten Sie deshalb um Überweisung des ausstehenden Rechnungsbetrages
bis zum 28. Februar .. auf unser Konto bei der Sparkasse Bonn, BLZ 380 500 00,
Konto-Nr. 700 801 034.

Sollten Sie die Überweisung bereits getätigt haben, betrachten Sie dieses Schreiben als gegenstandslos.

Mit freundlichen Grüßen

Radio- und Fernsehgeschäft Dehmer e. K.

Dehmer

Dehmer

5 Die Ursachen dafür, dass ein Kunde nicht oder nicht rechtzeitig zahlt, können sein:
- Vergessen,
- schlechte Finanzlage,
- Unwilligkeit,
- mangelhafte Terminüberwachung von fälligen Zahlungen.

6 Ein kaufmännisches Mahnverfahren kann z.B. in folgenden Schritten durchgeführt werden:
- Zahlungserinnerung: Der Schuldner erhält 14 Tage nach Überschreiten des Fälligkeitstages in höflicher Form eine Rechnungskopie oder einen Kontoauszug.
- 1. Mahnung: Nochmalige Zusendung einer Rechnungskopie oder eines Kontoauszuges nach 14 weiteren Tagen, wobei ein nachdrücklicher Ton angeschlagen wird.
- 2. Mahnung: Nach weiteren 14 Tagen wird eine Mahnung mit Fristsetzung an den Kunden gesandt, wobei nachdrücklich auf die Fälligkeit, den Betrag und die Folgen der Nichtzahlung hingewiesen wird.
- 3. Mahnung: Es wird nach 8 Tagen ein letzter Termin in einem schärferen Ton gesetzt und der Mahnbescheid (gerichtliche Mahnung) angedroht.

7 a) vgl. Brief S. 110
b) vgl. Brief S. 111
c) vgl. Brief S. 112
d) vgl. Brief S. 113

Brief zu Aufgabe 7 a) auf Seite 109

Weinhandlung Max Banken e. K.

Weinhandlung Max Banken e. K. · Steeler Straße 34 · 45884 Gelsenkirchen

Speiserestaurant
Elfriede Effer
Bachstraße 16
45896 Gelsenkirchen

Kontoverbindung:
Commerzbank Gelsenkirchen
BLZ 259 400 33 Konto-Nr. 55 143 118
Telefon: 05121 3344-55
USt.-IDNr.: 319/140/2689
Steuernummer: DE-14231658

Ihr Zeichen, Ihre Nachricht vom	Unser Zeichen, unsere Nachricht vom	Telefon, Name	Datum
ef-bl ..-02-20	ba-ru ..-03-02	553, Banken	..-03-27

Zahlungserinnerung

Sehr geehrte Frau Effer,

am 23. Februar .. lieferten wir Ihnen ordnungsgemäß die bestellten 30 Kartons mit je 12 Flaschen Weißwein, „Roländer Kapellchen" Spätlese, im Werte von 1 368,00 EUR.

Gemäß den Ihnen bekannten Zahlungsbedingungen sind Rechnungen 30 Tage nach Erhalt der Rechnung netto Kasse zahlbar. Wir haben Ihnen die Rechnung brieflich am 24. Februar .. zugesandt.

Bisher haben Sie Ihre Zahlungsverpflichtungen immer pünktlich erfüllt. Daher liegt bei Ihnen sicherlich ein Versehen vor, dass Sie die offen stehende Rechnung noch nicht beglichen haben. Wir bitten Sie deshalb um Überweisung des ausstehenden Betrages.

Mit freundlichen Grüßen

Weinhandlung Max Banken e. K.

Banken

Banken

Anlage
Rechnungskopie

Brief zu Aufgabe 7 b) auf Seite 109

Weinhandlung Max Banken e. K.

Weinhandlung Max Banken e. K. · Steeler Straße 34 · 45884 Gelsenkirchen

Speiserestaurant
Elfriede Effer
Bachstraße 16
45896 Gelsenkirchen

Kontoverbindung:
Commerzbank Gelsenkiarchen
BLZ 259 400 33 Konto-Nr. 55 143 118
Telefon: 05121 3344-55
USt.-IDNr.: 319/140/2689
Steuernummer: DE-14231658

Ihr Zeichen, Ihre Nachricht vom	Unser Zeichen, unsere Nachricht vom	Telefon, Name	Datum
ef-bl ..-02-20	ba-ru ..-03-27	553, Banken	..-04-09

1. Mahnung

Sehr geehrte Frau Effer,

auf Ihrem Konto steht der Betrag unserer Rechnung vom 24. Februar .. in Höhe von

1 368,00 EUR

noch offen.

Als Zahlungstermin war 30 Tage nach Erhalt der Rechnung netto Kasse vereinbart worden. Wir haben Ihnen bereits am 27. März .. eine Zahlungserinnerung zugesandt. Diese ließen Sie jedoch unbeantwortet.

Um nicht selbst in Zahlungsschwierigkeiten zu geraten und um die Aufnahme teurer Bankkredite zu vermeiden, müssen wir auf den pünktlichen Eingang unserer Forderungen besonders achten.

Wir fordern Sie hiermit auf, den offen stehenden Rechnungsbetrag bis zum 16. April .. zu begleichen.

Mit freundlichen Grüßen

Weinhandlung Max Banken e. K.

Banken

Banken

Anlagen
Rechnungskopie
Kopie Zahlungserinnerung

Weinhandlung Max Banken e. K.

Weinhandlung Max Banken e. K. · Steeler Straße 34 · 45884 Gelsenkirchen

Speiserestaurant
Elfriede Effer
Bachstraße 16
45896 Gelsenkirchen

Kontoverbindung:
Commerzbank Gelsenkirchen
BLZ 259 400 33 Konto-Nr 55 143 118
Telefon: 05121 3344-55
USt.-IDNr.: 319/140/2689
Steuernummer: DE-14231658

Ihr Zeichen, Ihre Nachricht vom	Unser Zeichen, unsere Nachricht vom	Telefon, Name	Datum
ef-bl ..-02-20	ba-ru ..-03-27	553, Banken	..-04-23

2. Mahnung

Sehr geehrte Frau Effer,

Sie haben weder meine Schreiben vom 27. März .. und vom 9. April .. beantwortet noch die Rechnung vom 24. Februar .. über 1 368,00 EUR beglichen.

Da auch wir unseren Zahlungsverpflichtungen nachkommen müssen, ist es uns leider nicht möglich, Ihnen einen weiteren Zahlungsaufschub zu gewähren.

Leider müssen wir Ihnen neben dem Rechnungsbetrag zusätzlich Mahnentgelt in Höhe von 42,00 EUR in Rechnung stellen. Wir möchten Sie auffordern, den offen stehenden Rechnungsbetrag

über	1 368,00 EUR	
zuzüglich	42,00 EUR	Mahnentgelt inkl. 16% MwSt.
insgesamt	1 410,00 EUR	Überweisungsbetrag

bis zum 28. April .. zu überweisen.

Sollten Sie den oben genannten Betrag bis zum 28. April .. nicht an uns überwiesen haben, sehen wir uns veranlasst, unsere bisherigen guten Geschäftsbeziehungen zu beenden und weitere Schritte gegen Sie einzuleiten.

Mit freundlichen Grüßen

Weinhandlung Max Banken e. K.

Banken

Banken

Anlagen
1 Banküberweisungsformular
1 Rechnungskopie
1 Kopie der 1. Mahnung

Brief zu Aufgabe 7 d) auf Seite 109

Weinhandlung
Max Banken e. K.

Weinhandlung Max Banken e. K. · Steeler Straße 34 · 45884 Gelsenkirchen

Speiserestaurant
Elfriede Effer
Bachstraße 16
45896 Gelsenkirchen

Kontoverbindung:
Commerzbank Gelsenkirchen
BLZ 25940033 Konto-Nr.55143118
Telefon: 05121 3344-55
USt.-IDNr.: 319/140/2689
Steuernummer: DE-14231658

Ihr Zeichen, Ihre Nachricht vom	Unser Zeichen, unsere Nachricht vom	Telefon, Name	Datum
ef-bl ..-02-20	ba-ru ..-04-23	553, Banken	..-04-30

3. Mahnung

Sehr geehrte Frau Effer,

am 23. Februar erhielten Sie von uns 30 Kartons mit je 12 Flaschen, „Rohländer Kapellchen“ Spätlese, zum Preis von 1 368,00 EUR.

Nach den Ihnen bekannten Zahlungsbedingungen sollte Ihre Zahlung 30 Tage nach Erhalt der Rechnung netto Kasse erfolgen. Wir hatten Ihnen die Rechnung per Brief am 24. Februar .. zugestellt.

Da Ihre Zahlung bis zum 27. März .. noch nicht erfolgt war, sandten wir Ihnen eine Zahlungserinnerung. Diese blieb erfolglos. Sie erhielten deswegen am 9. April .. eine erste Mahnung mit Fristsetzung bis zum 16. April .. und eine zweite Mahnung am 23. April .. mit Fristsetzung bis zum 28. April .. Beide Mahnungen blieben ohne Antwort Ihrerseits. Der Rechnungsbetrag konnte auch bis heute bei uns nicht verbucht werden.

Ihre Handlungsweise ist uns unverständlich, zumal wir Sie bisher als einen zuverlässigen Kunden schätzen gelernt haben. Durch Ihre Zahlungsverzögerung entstehen uns zusätzliche Verwaltungsaufwendungen und Zinsverluste, die unsere Geschäftskonten unnötig belasten.

Wir fordern Sie hiermit zum letzten Mal auf, folgende Beträge zu überweisen:

Rechnungsbetrag laut Rechnung 97/15	1 368,00 EUR
+ Mahnentgelt inkl. 16% MwSt.	64,00 EUR
+ Verzugszinsen 5% für 41 Tage inkl. 16% MwSt.	7,79 EUR
Gesamtbetrag	1 439,79 EUR

Wir setzen Ihnen hiermit eine letzte Frist bis zum 6. Mai .. Sollten unsere Forderungen bis zu diesem Zeitpunkt nicht eingegangen sein, werden wir ohne weiteres Anschreiben einen Mahnbescheid beim Amtsgericht gegen Sie erwirken lassen.

Mit freundlichen Grüßen

Weinhandlung Max Banken e. K.

Banken

Banken

Anlagen
1 Banküberweisungsformular
1 Rechnungskopie
1 Kopie Zahlungserinnerung
2 Kopien 1. und 2. Mahnung

8 Ablauf des gerichtlichen Mahnverfahrens:

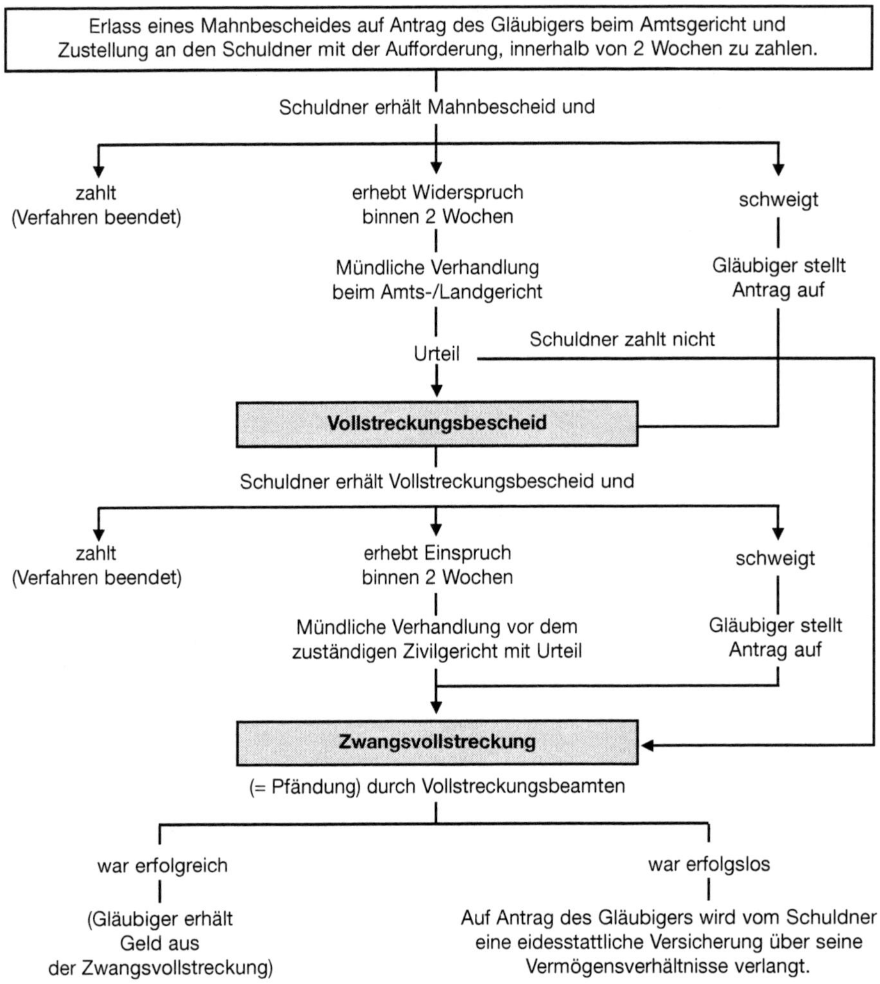

9 Unternimmt ein Schuldner nach Zustellung des Mahnbescheides nichts, kann der Gläubiger nach Ablauf der Widerspruchsfrist einen Vollstreckungsbescheid beantragen. Der Vollstreckungsbescheid ist ein „vollstreckbarer Titel" (= er hat die gleiche Wirkung wie ein Gerichtsurteil) mit dem Recht, die Zwangsvollstreckung gegen den Schuldner einzuleiten.

10 2.

7 Unternehmenskrisen

7.1 Außergerichtliche Maßnahmen im Rahmen der Insolvenz eines Unternehmens

Lehrbuch Seite 339

Handlungssituation

- Hier können finanzielle, personelle, sachliche und organisatorische Ursachen genannt werden.
- Maßnahmen zur Wiederherstellung der Leistungsfähigkeit sind: finanzielle, personelle, sachliche und organisatorische Maßnahmen.

Lehrbuch Seite 342 f.

1 **Finanzielle Gründe:**
- zu geringes Eigenkapital
- zu hohe Zinsbelastung
- unrealistische Tilgungsmodalitäten

Personelle Gründe:
- mangelnde Unternehmerqualifikation
- mangelnde Qualifikation des Personals

Sachliche Gründe:
- ruinöser Wettbewerb
- hohe Mietkosten

Organisatorische Gründe:
- mangelhafte Kalkulation
- zu hohe Personalkosten
- falsche Beschaffungsmengen

2 Der Stundungsvergleich beinhaltet einen Zahlungsaufschub, der Erlassvergleich beinhaltet den Verzicht auf einen Teil der Forderungen.

3 a) Sortimentspolitik: Sortimentsbereinigung und Beschränkung auf das Kernsortiment
b) Preispolitik: Nutzung günstiger Einkaufspreise für eine offensive Preispolitik bei Schlüsselpreisen
c) Servicepolitik: Angebot technischer Serviceleistungen, z.B. in Form von Installations-, Reparatur- und Ersatzteilservice
d) Kommunikationspolitik: Schulung der Verkäuferinnen und Verkäufer, um qualifizierte technische Beratung anbieten zu können
e) Verkaufsstellenpolitik: Aufteilung des Verkaufsraumes in verschiedene Funktionszonen, in denen die Ware in den Verkaufsformen Bedienung, Vorwahl und Selbstbedienung angeboten wird.

4
- Planung und Kontrolle der Lagerbestände
- Informationen über verkaufsschwache und verkaufsstarke Artikel
- Erleichterungen im Bereich Bestellwesen und Kalkulation
- Wegfall der Artikelauszeichnung
- Erleichterung des Kassiervorganges
- Arbeitseinsatzplanung
- Leistungskontrolle

5 a) b) c) Individuelle Lösungen.

7.2 Gerichtliche Maßnahmen im Rahmen der Insolvenz eines Unternehmens

Lehrbuch Seite 343

Handlungssituation

- Der Großgläubiger kann den Antrag auf Eröffnung des Insolvenzverfahrens stellen.
- – Voraussetzung
  - Zahlungsunfähigkeit
  - Überschuldung
  - drohende Zahlungsunfähigkeit

  – Antrag
  - durch Schuldner oder Gläubiger
  - bei drohender Zahlungsunfähigkeit nur durch den Schuldner

  – Durchführung
  - Eröffnung des Verfahrens durch das Gericht
  - Eintragung der Eröffnung in das Handelsregister
  - Ernennung des Insolvenzverwalters
  - Zwangsvollstreckungen sind ausgesetzt

  – Aufgaben des Insolvenzverwalters
  - Sicherung und Erhaltung des Vermögens des Schuldners
  - Erstellung des Insolvenzplans

  – Liquidation
  Befriedigung der Gläubiger durch Verwaltung, Verwertung und Verteilung des Vermögens des Schuldners durch den Insolvenzverwalter in der Reihenfolge
  (1) Aussonderung
  (2) Absonderung
  (3) Massegläubiger
  (4) Insolvenzgläubiger
  (5) nachrangige Insolvenzgläubiger

- Restschuldbefreiung
  - bei natürlichen Personen möglich
  - Abtretung der pfändbaren Forderungen aus Lohn und Gehalt für sieben Jahre
  - bei gewissenhafter Erfüllung der Pflichten wird der Schuldner von der Restschuld befreit

Lehrbuch Seite 350

1 (1) Aussonderung
(2) Aussonderung
(3) Absonderung
(4) Massekosten
(5) Masseverbindlichkeiten
(6) nachrangige Insolvenzgläubiger
(7) Insolvenzgläubiger

2 (1) Insolvenzverfahren zur Liquidation
(2) Sanierung durch Insolvenzplan
(3) Restschuldbefreiung

3 (1) Absonderung
(2) Massegläubiger
(3) Insolvenzgläubiger
(4) nachrangige Insolvenzgläubiger

4 Verbraucher-insolvenzverfahren
- Für nicht Selbstständige und Kleingewerbetreibende
- Zustimmung durch
  - die Mehrheit der abstimmenden Gläubiger
  - die Mehrheit der Ansprüche
- bei gewissenhafter Erfüllung der Pflichten für die Dauer von sieben Jahren wird der Schuldner von der Restschuld befreit

Wiederholung zum 14. Lernfeld: Ein Einzelhandelsunternehmen leiten und entwickeln

Übungsaufgaben

Lehrbuch Seite 351 ff.

1 a)

persönliche Voraussetzungen	sachliche Voraussetzungen	rechtliche Voraussetzungen
■ Warenkenntnisse ■ Erfahrung im Verkauf ■ kaufmännisches Fachwissen ■ Einsatzbereitschaft ■ Menschenkenntnis ■ Risikobereitschaft	■ Marktchancen ■ geeigneter Standort ■ leistungsfähige Lieferanten ■ qualifiziertes Personal ■ gesicherte Finanzierung	■ Geschäftsfähigkeit ■ Anmeldung bei – zuständiger Behörde – Finanzamt – Berufsgenossenschaft – IHK – Krankenkasse ■ Eintragung der Kaufleute in das Handelsregister

b) Folgende Grundsätze sollte Frau Greinert bei der Wahl der Firma beachten:
- **Firmenwahrheit:** Bei Gründung muss der Firmenkern der Wahrheit entsprechen.
- **Firmenklarheit:** Der Firma darf kein Zusatz beigefügt werden, der geeignet ist, eine Täuschung über Art und Umfang des Geschäfts oder die Verhältnisse des Geschäftsinhabers herbeizuführen.
- **Firmenausschließlichkeit:** Die Firma muss sich von allen am selben Ort bereits bestehenden und in das Handelsregister eingetragenen Firmen deutlich unterscheiden. Dies kann z.B. durch einen Zusatz „junior" oder „senior" oder weitere Vornamen geschehen.
- **Firmenbeständigkeit:** Da der gute Ruf eines Unternehmens einen großen Wert darstellen kann, darf die Firma bei einem Wechsel des Inhabers beibehalten werden. Dies kann mit oder ohne einen das Nachfolgeverhältnis andeutenden Zusatz geschehen.
- **Firmenöffentlichkeit:** Jeder Kaufmann ist verpflichtet, seine Firma und den Ort der Niederlassung in das Handelsregister eintragen zu lassen. Einzelhändler müssen ihre Firma an der Außenseite des Geschäfts deutlich sichtbar anbringen.

c) Hier bietet sich die Rechtsform der KG an.

d) Der Komplementär haftet
- gesamtschuldnerisch, d.h. solidarisch,
- persönlich, d.h. unbeschränkt,
- unmittelbar, d.h. direkt.

Der Kommanditist haftet nur in Höhe seiner Einlage.

e) Der Kommanditist
- ist von der Geschäftsführung ausgeschlossen,
- darf nicht laufend die Geschäfte der KG durch persönliche Besuche im Unternehmen kontrollieren,
- darf nicht im Namen des Unternehmens erscheinen,
- kann eine Abschrift der Bilanz verlangen und diese durch Einblick in die Bücher prüfen.

Da der Kommanditist nur Kapital zur Verfügung stellt, aber nicht aktiv mitarbeitet, hat er nur eingeschränkte Rechte.

f) KG: 4% auf das eingesetzte Kapital, Rest angemessen.
Die „angemessene" Gewinnverteilung bei der KG soll dem unterschiedlichen Risiko der Gesellschafter Rechnung tragen.

g) Aussonderung, Absonderung, Massegläubiger, Insolvenzgläubiger, nachrangige Insolvenzgläubiger.

h) Die KG kann erst bei den Insolvenzgläubigern (Rangklasse 4) ihre Forderungen geltend machen.

2 a) Witges und Hagel könnten eine KG gründen, in der Witges Komplementär und Hagel Kommanditist ist. Aber auch die Gründung einer GmbH, in der Witges Geschäftsführer wird, ist möglich.

b)
- **KG:** Der Komplementär führt die Geschäfte und vertritt die Gesellschaft. Er haftet mit seinem gesamten Vermögen. Der Kommanditist ist von der Geschäftsführung ausgeschlossen. Seine Haftung ist auf die Einlage beschränkt.
- **GmbH:** Es haftet die juristische Person. Die Geschäftsführung liegt beim Geschäftsführer.

c)
1. Die Firma der KG kann Personen-, Sach-, Fantasiefirma oder gemischte Firma sein mit dem Zusatz KG.
2. Witges KG, Spielwareneinzelhandel; Witges & Co. KG ✓
3. Firma, Ort der Niederlassung, Name des persönlich haftenden Gesellschafters, Name und Einlage des Kommanditisten (4)

4. Die Beschränkung der Haftung des Kommanditisten erfolgt erst mit der Eintragung in das Handelsregister.
5. ■ **Rechte:** Der Kommanditist ist berechtigt, eine Abschrift der Bilanz zu verlangen und diese durch Einsicht in die Bücher zu prüfen. Von der Geschäftsführung und Vertretung ist der Kommanditist ausgeschlossen.
   ■ **Pflichten:** Der Kommanditist muss seine Einlage leisten. Der Komplementär ist verpflichtet, die Geschäfte zu führen und die Gesellschaft nach außen hin zu vertreten.

d)

Gesellschafter	Kapital am Anfang des Jahres	Gehalt in EUR	4% in EUR	Rest angemessen in EUR	Gesamtgewinn
Witges	250000,00	72000,00	10000,00	7500,00	17500,00
Hagel	150000,00	–	6000,00	4500,00	10500,00
		72000,00	16000,00	12000,00	28000,00

e) ■ Es können leichter Gesellschafter gefunden werden, da ihre Haftung beschränkt ist.
■ Notarieller Gesellschaftsvertrag, Stammkapital von 25000,00 EUR, Eintragung in das Handelsregister
■ Die Abstimmung in der Gesellschafterversammlung erfolgt nach Geschäftsanteilen, d.h., Wittges hat 5000 Stimmen, Hagel 3000 und der neue Gesellschafter 2200 Stimmen. Die Gesellschafter können, wenn sie nicht zugleich Geschäftsführer sind, über die Gesellschafterversammlung Einfluss auf die GmbH nehmen. Diese beschließt z.B. über Jahresabschluss und Gewinnverwendung, Bestellung, Abberufung und Entlastung der Geschäftsführer und die Bestellung von Prokuristen und Handlungsbevollmächtigten.

3 a) Zuerst kann Eugenie Wagner ihren Vorjahresgewinn in das Unternehmen investieren (Selbstfinanzierung). Zudem kann sie
■ einen Gesellschafter aufnehmen und die Einzelunternehmung in eine Kommanditgesellschaft (Beteiligungsfinanzierung) umwandeln,
■ ein Darlehen bei der Bank (Fremdfinanzierung) aufnehmen.

b) Im Kreditvertrag werden schriftlich Absprachen über folgende Inhaltspunkte getroffen:
■ Höhe und Dauer des Kredites,
■ Verwendungszweck des Kredites,
■ Zinssatz und Fälligkeit der Zinsen,
■ Rückzahlung des Kredites,
■ Sicherung des Kredites.

c) Es liegt eine Einlagen- oder Beteiligungsfinanzierung vor.
Vorteile dieser Finanzierung sind:
■ Unternehmen bleibt unabhängig,
■ Einsatz von Fremdkapital bleibt eingeschränkt,
■ Kreditwürdigkeit steigt, da das Eigenkapital größer wird,
■ Risikoverteilung bei der Beteiligungsfinanzierung, da mehrere Personen haften,
■ keine laufenden Zins- und Tilgungsraten.
Da die Kapitalgeber keinen Anspruch auf eine feste Verzinsung ihres Kapitals haben, ist es insbesondere in wirtschaftlich schwierigen Situationen vorteilhaft, wenn das Unternehmen zu einem überwiegenden Teil mit Eigenkapital finanziert wird.
Wesentliche Nachteile der Einlagen- oder Beteiligungsfinanzierung sind darin zu sehen, dass neue Gesellschafter an der Geschäftsführung und am Gewinn zu beteiligen sind.

4 a) Die Immobilien (Grundstücke, Gebäude) können als Grundpfandrechte zur Absicherung von Krediten herangezogen werden, der Fuhrpark, die Geschäftsausstattung und die Waren für einen Sicherungsübereignungskredit.

b) Anlagevermögen sollte grundsätzlich mit Eigenkapital oder langfristigem Fremdkapital finanziert werden. Es eignet sich daher die Finanzierung über ein Bankdarlehen.

c) Eine Möglichkeit der mittel- und langfristigen Finanzierung von Anlagevermögen stellt das Leasing dar. Beim Leasing werden vertraglich die Nutzungsrechte an Gütern des Anlagevermögens (Grundstücke, Gebäude, Fahrzeuge, Geschäftsausstattung) für eine bestimmte Zeit vom Vermieter (Leasinggeber) auf den Mieter (Leasingnehmer) übertragen, wobei der Mieter die geleasten Gegenstände in seinem Betrieb einsetzt. Das Möbelgeschäft hat also die Möglichkeit, die Gegenstände, die es benötigt, zu leasen statt zu kaufen. Das Möbelgeschäft wird Besitzer, der Leasinggeber bleibt Eigentümer der geleasten Gegenstände. Am Ende der vertraglich vereinbarten Leasingdauer muss das Möbelgeschäft den geleasten Gegenstand zurückgeben, wobei auch ein Kauf dieses Gegenstandes durch das Möbelgeschäft möglich ist.

5 a) Hinsichtlich der Leasingobjekte kann man unterscheiden in:
■ Leasing von beweglichen Gegenständen (Kassensysteme, Computer, Einkaufswagen, Arbeitskittel, Fahrzeuge, Ladeneinrichtungen, Kühltheken usw.),
■ Immobilienleasing (Laden-, Lagerräume, Verwaltungsgebäude),

b) ■ Die gemieteten Fahrzeuge sind ständig auf dem neuesten Stand der Technik.
■ Das Einzelhandelsgeschäft hat feste monatliche Raten, die eine genaue Kalkulation ermöglichen.
■ Der Kapitalbedarf wird verringert.

c) ■ Aufnahme eines Bankkredites (Fremdfinanzierung),
■ Aufnahme eines Gesellschafters (Einlagen- oder Beteiligungsfinanzierung),
■ Finanzierung aus einbehaltenen Gewinnen (Selbstfinanzierung),
■ Erhöhung der Bareinlagen des Einzelhändlers (Einlagenfinanzierung).
■ Leasing

6 a)

Finanzierungsarten

Fremdfinanzierung	**Einlagen bzw. Beteiligungsfinanzierung**	**Selbstfinanzierung**	**Finanzierung durch Kapitalfreisetzung**	**Leasing als Sonderform**
• Aufnahme von Fremdkapital (z. B. bei Kreditinstituten	• Aufnahme von Eigenkapital (z. B. Bareinlage eines Gesellschafters)	• Finanzierung aus einbehaltenen Gewinnen	• Verkauf von Anlagegegenständen • Abschreibungen	• Leasing (= Mieten) von Gütern des Anlagevermögens
Finanzierung mit Fremdkapital	**Finanzierung mit Eigenkapital**		**Finanzierung mit Eigen- oder Fremdkapital**	

b) ■ Unternehmen bleibt unabhängig,
■ Einsatz von Fremdkapital bleibt eingeschränkt,
■ Kreditwürdigkeit steigt, da das Eigenkapital größer wird,
■ keine laufenden Zins- und Tilgungsraten.

c) Goldene Finanzierungsregel: Aufgenommenes Fremdkapital soll erst dann fällig werden, wenn die damit finanzierten Investitionen des Anlage- und Umlaufvermögens durch die Umsatzerlöse wieder zu Kapital geworden sind, um die Zahlungsfähigkeit des Einzelhandelsunternehmens jederzeit zu gewährleisten.

Gebundene Aufgaben zur Prüfungsvorbereitung

Lehrbuch Seite 353 f.

1 3.
2 5.
3 4.
4 2.
5 1.
6 a) 2, b) 4, c) 5
7 2
8 5
9 a) 1, b) 2, c) 3, d) 2, e) 4
10 3., 4.
11 2., 3., 6.
12 5.
13 a) 2, b) 1, c) 2, d) 3, e) 3
14 5.
15 a) 1, b) 2, c) 3, d) 4, e) 5
16 a) 4, b) 2, c) 1, d) 3
17 4.
18 1.

Hinweis auf Druckfehler im Lehrbuch Aufgabe 8:

Hinter „Zahlungsbedingungen" fehlt folgender Text: „Zahlung innerhalb von 10 Tagen mit 2,5% Skonto oder netto Kasse innerhalb von 30 Tagen."

Lernsituation zu Lernfeld 14:
Ein Unternehmen leiten und entwickeln

Lernsituation:	**Edith Mauser prüft die Beschränkung ihrer Haftung**
Lehrbuchkapitel 3.3	Die Gesellschaft mit beschränkter Haftung als Kapitalgesellschaft
Lernvoraussetzungen:	Die Merkmale der Kommanditgesellschaft sind bereits erarbeitet
Erforderliches Material:	GmbH-Gesetz als Klassensatz

Schul-/Ausbildungsjahr	3	Zeitrichtwert:	U-Std. 3

Handlungssituation

Die Edith Mauser KG, Spielwareneinzelhandel, hat sich zu einem erfolgreichen Unternehmen entwickelt. Edith Mauser plant, das Unternehmen zu vergrößern. Dazu soll ein größeres Ladenlokal angemietet und das Sortiment um den Bereich Bastelbedarf erweitert werden. Als sie mit ihrem Kommanditisten darüber spricht, zögert dieser. „Mit der Vergrößerung des Unternehmens vergrößern sich auch die Risiken", wendet er ein, „wir sollten über eine Beschränkung der Haftung nachdenken!" „Verringern wir durch eine Beschränkung der Haftung nicht automatisch unsere Kreditwürdigkeit?", erwidert Edith Mauser.

Arbeitsaufträge

1 Fassen Sie die **Merkmale der Kommanditgesellschaft** anhand der Kriterien Definition, Gründung, Firma, Kapitalaufbringung, Haftung, Geschäftsführung, Gewinn- und Verlustverteilung zusammen. Schreiben Sie die Antworten zu jedem Merkmal auf eine Karte und heften sie diese an eine Pinnwand.

2 Formulieren Sie eine begründete Aussage zur Frage der **Kreditwürdigkeit** der KG.

3 Erarbeiten Sie wesentliche **Merkmale der Gesellschaft mit beschränkter Haftung** mithilfe des GmbH-Gesetzes.

a) Stellen Sie fest, welche Ausführungen das GmbHG zur **Definition** der Gesellschaft macht.
b) Erläutern Sie, welche Vorschriften das GmbHG zur **Gründung** der Gesellschaft macht.
c) Edith Mauser möchte ihre **Firma** beibehalten. Stellen Sie fest, ob dieses möglich ist.
d) Erläutern Sie die Frage der **Kapitalaufbringung**. Wie könnten sich Edith Mauser und Steuerberater Schröder bei Beibehaltung der Einlagen in eine GmbH einbringen?
e) Stellen Sie fest, wie die Frage der **Haftung** der GmbH geregelt ist.
f) Steuerberater Schröder möchte nach wie vor nicht in der Gesellschaft mitarbeiten, Edith Mauser will weiter die Geschäfte führen. Erläutern Sie anhand des Gesetzes, wie die Fragen der **Geschäftsführung und Vertretung** geregelt sind.
g) Edith Mauser befürchtet, dass Entscheidungen in einer GmbH schwerer durchzusetzen seien, da es eine Vielzahl von Organen gebe, die beteiligt werden müssen. Stellen Sie fest, welche **Organe** es in der GmbH gibt und ob die Befürchtungen von Frau Mauser gerechtfertigt sind.
h) Steuerberater Schröder interessiert sich für die Verteilung der **Gewinne und Verluste**. Stellen Sie fest, welche Regelungen das GmbHG hierzu trifft.

4 Beurteilen Sie den Aspekt der **Kreditwürdigkeit** der GmbH im Vergleich mit einer KG.

Handlungsphasen und Handlungsergebnisse

Handlungsphasen	Unterrichtsziele und -inhalte	Sozialform, Methoden, Medien	Zeitrichtwert in Min.
Analysieren	■ Zusammenfassung der Merkmale der KG ■ Der Zusammenhang von gesamtschuldnerischer Haftung des Komplementärs und Kreditwürdigkeit wird erkannt.	■ Arbeitsteilige Gruppenarbeit ■ Lehrbuch Kapitel 3.2, ■ Pinnwand und Karten	ca. 20′
Planen	■ Anhand des Sachwortverzeichnisses werden zu den Merkmalen der GmbH die entsprechenden Paragrafen identifiziert.	■ Arbeitsteilige Gruppenarbeit	ca. 20′
Durchführen I	■ Unter Zuhilfenahme der entsprechenden Paragrafen des GmbHG werden die Merkmale der GmbH erarbeitet.	■ Arbeitsteilige Gruppenarbeit ■ Die Antworten zu den Fragen a)–h) werden durch die Gruppenmitglieder auf Karten festgehalten.	ca. 20′
Durchführen II	■ Präsentation der in Gruppen erarbeiteten Ergebnisse ■ Transfer in die jeweils anderen Gruppen ■ Klärung offener Fragen	■ Die Ergebnisse werden an einer Pinnwand präsentiert; dabei wird die Struktur der Merkmale der KG übernommen. ■ Die Gruppen erläutern ihre Arbeitsergebnisse.	ca. 20′
Bewerten	■ Vergleich der Unternehmensformen GmbH und KG	■ Unterrichtsgespräch	ca. 10′
Reflektieren	■ Bewertung der Kreditwürdigkeit der GmbH und der KG ■ Auswahl einer geeigneten Unternehmensform für Edith Mauser anhand individueller Kriterien	■ Unterrichtsgespräch	ca. 15′
Vertiefen	■ Übung durch Bearbeitung der Aufgaben im Lehrbuch Seiten 295 ff.	■ Einzelarbeit	ca. 20′